Hans Frör

Wie eine wilde Blume

Hans Frör

Wie eine wilde Blume

Biblische Liebesgeschichten

Chr. Kaiser

CIP-Titelaufnahme der Deutschen Bibliothek

Frör, Hans:
Wie eine wilde Blume: biblische Liebesgeschichten / Hans
Frör. – 2. Aufl. – München: Kaiser, 1992
(Kaiser-Taschenbücher; 73)
ISBN 3-459-01844-5
NE: GT

Umschlag: Ingeborg Geith, München, unter Verwendung des Motives
»Samson und Dalila«, Malterer Teppich 1310/20
ISSN 0931-7732
Satz: Druckerei Wagner GmbH, Nördlingen
Druck und Bindung: Clausen & Bosse, Leck
Printed in Germany

Diese Karte finden Sie in einem Buch des Chr. Kaiser Verlages.
Wenn Sie regelmäßig über das Programm des Chr. Kaiser Verlages informiert werden möchten, senden Sie uns bitte diese Karte ausgefüllt zurück.

Die hier gemachten Angaben werden beim Verlag gespeichert:

Name: ______________________________

____

Straße: ______________________________

Ort: ______________________________

Chr. Kaiser Verlag

INHALT

Die folgenden Erzählungen und Szenen haben ihren Ursprung in Geschichten, Prophetenworten und Briefen des Alten und Neuen Testaments. Die biblischen Originaltexte sind jeweils am Ende der Kapitel angegeben.

Es bleibt den Leserinnen und Lesern überlassen, ob sie sich zuerst anhand der Bibelstellen kundig machen wollen, oder ob sie mit diesem Buch beginnen und dann nachsehen, welches biblische Geschehen dem Erzählten zugrunde liegt und wie dieses und jenes zueinanderpaßt.

DAS RÄTSEL

Da sitz ich im Dunkeln und dreh die Mühle
wie ein Weib,
ich, Simson der fürchterliche,
geblendet, geschoren, an die Kette gelegt.
Lachen hör ich sie ringsum:
Ihre Witze machen sie über mich.
Bin ja auch eine Witzfigur:
kahlköpfig, blind und schlapp,
wirklich zum Lachen.
Noch im Traum schallt es mir nach, das Gelächter.
Heut nacht wars die Kleine aus Timna,
meine erste Braut.
Sie lachte,
und hinter ihr standen die dreißig Kerle
vom Hochzeitsgelage,
auch der, den sie dann geheiratet hat
statt meiner.
Sie lachte mich an:
»Gib uns dein Rätsel auf, Simson,
wir wollen es raten!«
Ja, das Rätsel. Mein Rätsel!
»Speise kam vom Fresser
und Süßes vom Starken.«
Es war ein schweres Rätsel.
Wirklich. Und gut!

Da kommt so schnell keiner drauf,
was das sein soll:
Süßes vom Starken, Speise vom Fresser.
Paßt ja nicht zusammen, scheinbar.
Aber Tatsache: Ich hab den Löwen zerrissen
mit meinen Händen!
Und ein paar Tage später kam ich vorbei:
waren Bienen im Löwenaas.
Ich selber nahm Honig raus
mit meinen Händen.
Vater aß davon. Mutter aß davon.
Süßen Honig.
Sie hätten es nie erraten, die Burschen,
wenn die Hübsche mich nicht bearbeitet hätte,
wenn sie nicht endlos gewinselt hätte:
»Du hast mich nicht lieb! Du hast mich schon satt!«
Ich Schwachkopf hab ihr die Lösung verraten,
wo ich nicht einmal
Vater und Mutter was gesagt hab!
Da wußten sie's natürlich sofort.
Nie wären sie draufgekommen – die nicht! –
hätten sie nicht mit meinem Kalb geackert!
Und taten, als hätten sie die Lösung
selber gefunden:
»Was ist süßer als Honig?
Was ist stärker als der Löwe?«
So grölten sie damals, die Kerle von Timna,
beim Hochzeitsgelage am siebenten Tag –

und gewannen.
»Was ist süßer als Honig?
Was ist stärker als der Löwe?«
So trällerte heut nacht im Traum
die Hübsche von Timna, die meine Braut war,
und lachte mich an,
und es klang wie ein neues Rätsel,
als wär es noch gar nicht die Lösung:
»Was ist süßer als Honig?«
»Was ist stärker als ein Löwe?«
Ich bin ja nun wirklich stark wie ein Löwe
– gewesen, bevor sie mich kahlgeschoren haben,
die Schweine,
bevor Delila, das Biest, mich verraten hat.
Wenn der Geist in mich fuhr,
war nichts vor mir sicher.
Heere zerschmetterte ich
mit einem Eselskinnbacken.
Stadttore hob ich aus den Angeln
mit meinen Händen.
Die Philister rannten auf und davon,
wenn sie nur meinen Namen hörten.
Drum versteh ich das nicht –
ja, es ist wirklich ein Rätsel:
Den zierlichen Mädchen
mit dem Zauber im Blick
war ich nicht gewachsen.
Sie machten mich schwach.

Tatsache! Zum Beispiel Delila:
Sie schlang die zarten Arme
um meinen Nacken,
und mir wurde ganz anders.
Sie jammerte, schluchzte stundenlang, tagelang:
»Ach Simson, du liebst mich nicht mehr!
Ach Simson, vertrau mirs doch an,
dein Geheimnis!«
Also wirklich: da wurde mir sterbenselend zumute,
nichts mehr konnte ich für mich behalten,
alles drängte heraus.
Und ich wußte doch, daß sie mich reinlegen wollte!
Ich bin doch nicht blöd!
Was muß ich der Frau meine Schwachstelle zeigen?
Was reitet mich da,
Delila zu sagen: »Es ist meine Mähne,
die wild wuchernden Haare,
da steckt die Gotteskraft drin«?
Und ich leg ihr noch meinen Kopf auf den Schoß
und schlafe sanft ein.
Ritsch – ratsch! Da waren sie
mit dem Messer.
Was ist da in mich gefahren?
Wenn der Gottesgeist in mich fährt,
das kenn ich, davon versteh ich was.
Mutter hats mir als Kind erklärt,
als ich mich in der Gegend rumtrieb,
wilder als alle.

»Du bist was besonderes«, sagte sie,
»von Gott ausersehen,
um den Philistern heimzuzahlen,
was sie uns angetan haben.«
Der Gottesgeist machte mich löwenstark.
Aber was zog mich
zu den Philisterfrauen?
Erst zu der Kleinen in Timna,
dann zu Delila?
Vater ahnte es gleich.
»Laß die Finger davon«, sagte er.
»Gibts denn bei den unseren kein Mädchen,
das du heiraten kannst?« Recht hatte er.
Ist doch verrückt: Ich, Alptraum der Philister
verfalle ihren Töchtern!
Paßt nicht zusammen – wie Löwe und Honig.
Aber was soll ich sagen?
Wenn ich den Kopf in ihren Schoß kuschel
und ihre Finger mir durch die Mähne streichen,
dann ist nichts mehr
mit Freund und Feind,
mit Krieg und Rache.
Tatsache: Das ist stärker,
das schmeißt mich um.
Herr Gott, ich verstehs nicht: Wo kommt das her?
Etwa auch von dir?
Und wenn: Kämst du nicht schneller ans Ziel
ohne so was:

stärker als ein Löwe, süßer als Honig?
Ein Rätsel!

Originaltext: Richter 13–16

Elkanas erster Brief, nach einem Tag mit Hanna allein

Vieles will ich dir sagen, aber es kommt mir nicht über die Lippen, wenn ich bei Dir bin, Hanna, Du meine Frau, an der mein Herz hängt. Nun ist der Tag zuende, der Tag mit Dir, ich bin alleine wach und schreibe, was ich nicht sagen konnte, kritzle Buchstaben im Schein der Lampe, an Dich, für Dich – oder nur an mich selbst? Denn vorlesen werde ich Dir diesen Brief sicher nie. Das bringe ich nicht über mich.

Fast wäre es mir heute gelungen, Dir alles zu sagen, Dir ins Ohr zu flüstern: daß ich Dich lieb habe, von Jahr zu Jahr mehr, daß Du meine Seele mit Lust erfüllst, wenn Du bei mir bist, daß mich Deine Umarmungen unsäglich glücklich machen. Aber ich hatte Angst es zu sagen. Es war so wunderbar heute mit Dir, und wenn ich davon geredet hätte, hättest Du mir nicht geglaubt, hättest erwidert, ich würde nur so reden, um Dich über Dein Unglück hinwegzutrösten; und ich hätte Dir beteuert, daß Du mir wirklich und wahrhaftig ohne Kinder ebenso lieb bist, wie wenn Du mir zwanzig Söhne und Töchter geboren hättest; und Du hättest mit dem bitteren

Ton in der Stimme, den ich so fürchte, bemerkt, wenn das so wäre, dann hätte ich die andere nicht dazunehmen müssen, Peninna, die gesegnete, unentwegt schwangere. Und ich weiß, wie mich das kränkt, wenn Du so redest. Der Tag, unser gemeinsamer Tag, der so schön war, wäre in Scherben gegangen. So hab ich geschwiegen, bin stumm neben Dir gelegen, hab wohl den ganzen Tag ziemlich spärlich geredet. Und so schreib ich Dir jetzt, Hanna, liebe Frau, weil ich auch das Schweigen nicht aushalte, einen Brief, den Du nicht empfangen sollst – unsinnig eigentlich! Aber wie soll ich Dir klar machen, wie ich an Dir hänge? An Dir selbst, Hanna, verstehst du? Es gibt keinen Menschen auf der Welt, der mir so viel bedeutet wie Du, Gott ist mein Zeuge! Peninna? Natürlich, ich mag auch sie gern, und ich bin stolz auf die Kinder, die sie mir geboren hat. Natürlich haben auch wir, Peninna und ich, regelmäßig unseren Tag. Überhaupt soll ein Mann all die Seinen gleichermaßen lieben und achten. Ich gebe mir Mühe, allen gerecht zu werden. Peninna soll mir nicht anmerken, daß mein Herz Dir gehört. Obwohl – sie spürt es genau. Widersinnig ist das: Vor ihr will ich es verbergen – und sie weiß es. Dir will ich es zeigen – und Du kannst es nicht fassen.

Elkanas zweiter Brief, nach dem Opferfest in Silo

Hanna, meine liebe Frau, wieder muß ich Dir schreiben, weil unser Reden steckengeblieben ist, wo so viel zu sagen wäre. Ach, es kam alles, wie ich befürchtet hatte. Seit Jahren zittere ich, wenn wir nach Silo gehen. Früher war das Opferfest der Höhepunkt des Jahres. Wir haben gesungen und Gott zugejubelt! Wir haben uns die Opfermahlzeit schmecken lassen und waren guter Dinge! Bis Peninna kam, mit dem wachsenden Schwarm ihrer Kinder, und in die Loblieder einstimmte, mit Triumph in den Augen, Gott pries, der den Mutterleib segnet und Heerscharen heranwachsen läßt, und dann – es ist immer dasselbe! – ein verächtlicher Blick, eine spitze Bemerkung, spöttisches Lachen, beißender Hohn – bis Du Dich nicht mehr beherrschen kannst, schreist, weinst, zusammenbrichst zwischen Schadenfreude und Mitleid der Menge.
Die Giftschlange! Erwürgen könnte ich sie! Hätte ich sie doch nie ins Haus gelassen! Ein Unglückstag war das, als mich alle bedrängten, die Verwandten, die Freunde: »Nimm eine Frau, die dir Kinder gebiert! Gott hat Hannas Leib verschlossen. Willst du der letzte deines Geschlechtes sein?« Hätten wir doch unsere Ohren verstopft! Wir beide, Du und ich, hätten in Frieden gelebt, hätten gewartet, ob

Gott noch ein Einsehen hat, oder wären kinderlos alt geworden.
Ach Hanna, es tut mir weh, wie Du leidest, wie sie Dich demütigt vor allen Leuten. Ich hätte Dich gern getröstet, aber es ist mir nicht gelungen. Hast Du gemerkt, wie ich Dir das zarteste Stück vom Opferbraten herausgeschnitten habe? Du hast es nicht angerührt. Und auch auf meine Worte hast Du keine Regung gezeigt. Hast Du mich überhaupt gehört? »Hanna«, hab ich gesagt, »warum weinst du? Und warum ißt du nichts? Warum ist dein Herz so traurig? Bin ich dir nicht mehr wert als zehn Söhne?« Aber Du hast nur ins Leere gestarrt. Dann bis Du aufgestanden, ins Heiligtum gegangen, hast gebetet, ohne Stimme, aber wie eine Besessene, so daß Eli, der Priester, Dich für betrunken hielt – der ahnungslose! Mit ihm hast Du geredet, hast ihm deutlich gemacht, daß Du maßlosen Kummer vor Gott ausgeschüttet hast. Und Eli, der Priester, konnte Dich trösten, besser als ich. Jedenfalls hast Du danach gegessen und nicht mehr so verzweifelt ausgesehen.
Er redet leicht, der Priester: »Der Gott Israels wird Dir die Bitte erfüllen.« Das zu sagen kostet ihn nichts. Was weiß er von den Jahren vergeblicher Hoffnung, der Enttäuschung, der Schande?
Ach Hanna, ich schäme mich. Ich sollte ihm dankbar sein, daß er Dir Deinen Kummer lindert. Statt-

dessen kommt mir Eifersucht hoch auf diesen Mann Gottes, ja auf Gott selbst, weil Du mit ihm redest – und mit mir nicht; weil er Dich tröstet – und mein Trost in den Wind gesprochen ist.

Elkanas dritter Brief, am Tag, da Hanna ihren Sohn gebar

Hanna, mein Herz, so gern wäre ich jetzt bei Dir, aber die Hebamme fand es unpassend. So warte ich draußen, bin nicht dabei, aber auch nicht im Wege, wenn sich der Wunsch Deines Lebens – unseres Lebens – erfüllt.

Gott hat sich unser erbarmt! Wunderbar sind seine Werke! Ja, Wunder haben wir erlebt, es ist wahr: als uns die ersten Anzeichen überraschten, als die Gewißheit von Tag zu Tag wuchs, als es schließlich nicht mehr zu übersehen war und alle Welt vor Augen hatte: Hanna, die »verschlossene«, ist schwanger! Als sich das neue Leben in Dir zu regen begann, als es strampelte und hüpfte in Deinem Bauch – Wunder über Wunder, Gott sei gelobt! Und jetzt wirst Du es gleich in den Armen halten, und ich werde es in meinen Armen wiegen, unser Kind, Hanna! – Sie rufen –

Ein Sohn. Dein Sohn, Hanna, und meiner. Ich habe ihn in meinen Armen gehalten. Und ich habe Dich

gesehen, Hanna, strahlend, überglücklich. Jetzt schläfst Du, erschöpft, aber der Glanz ist auf Deinem Gesicht geblieben.
Samuel heißt er, hast Du gesagt: Samuel – »Von Gott erbeten«. Gut. Soll er Samuel heißen. Er ist Dein Sohn. Nenne ihn, wie es Dir gefällt. Heute will ich mich nur mit Dir freuen und mit Dir Gott preisen.

Elkanas vierter Brief, beim Opferfest in Silo, da Hanna zuhause blieb wegen des Kindes

In Silo schreibe ich Dir, Hanna, denn verlassen fühle ich mich ohne Dich. Zum ersten Mal bist Du nicht dabei, und ich feiere das Opferfest allein mit Peninna und den großen Kindern. Vor allem aber liegt mir schwer auf der Seele, was Du mir vor der Abreise mitgeteilt hast. Einen dicken Brocken hast Du mir da hingeworfen, er rumort in mir, drückt und quält mich den ganzen Weg hierher, und ich weiß nicht, wie ich ihn kleinkriegen soll.
Du kannst nicht mitkommen, hast Du gesagt, denn Samuel ist zu klein und braucht Dich. Gut, das sieht jeder ein. Im übrigen, hast Du gesagt, wirst Du den Jungen, wenn er Dich nicht mehr braucht, nach Silo zum Priester Eli bringen. Du wirst ihn Gott übergeben, daß er für immer im Heiligtum bleibe. So hast Du es Gott versprochen.

Ich fasse es nicht. Was da in mir vorging in den Augenblicken vor dem Abschied, ist kaum zu beschreiben. Ein Schwall wirrer Gedanken jagte mir durch den Kopf, ich hätte schreien können: »Was habe ich Dir getan, Frau, daß Du mich hintergehst? Verfügst über mein Kind, sagst mir kein Wort davon, machst hinterrücks geheime Absprachen mit Gott! Warum tust du mir das an?« Und zugleich wütete in mir eine andere Stimme, die mich entsetzte, obwohl es doch meine Stimme war: »Soll er doch fort, aus dem Haus, der Gottesknabe, der Auserwählte! Seit es ihn gibt, dreht sich alles um ihn, hast du nur noch Augen für ihn, Ohren für ihn, Hände, Arme, Brüste für ihn, ein Herz für ihn! Ja, gib ihn weg, gib ihn deinem Gott zurück, von dem du ihn hast, besser heute als morgen!« All das wühlte in meinem Schädel, als ich vor Dir stand, abmarschbereit.

Gesagt habe ich zu Dir: »So tu, wie Dirs gefällt. Gott bestätige, was er geredet hat.«

Diesen Brief sollte ich lieber gleich vernichten.

Elkanas fünfter Brief, nach einem Tag mit Hanna allein

Gut war es, mit Dir allein zu sein. Seit langer Zeit wieder ein Tag für Dich und mich. Manches war an-

ders als früher. Du hattest Dein Nähzeug dabei: ein Kleidchen für Samuel. Er ist ja nun nicht mehr bei uns, aber Deine Gedanken bewegt er wie eh und je. Du hast mir verraten, daß Du wieder schwanger bist. Diesmal sei es kein Gotteskind, sondern ein gewöhnliches, unser beider Tochter oder Sohn. Ob ich mich denn nicht freue, hast du gefragt. Natürlich freue ich mich. Du wirst Peninna noch überrunden. Ich war wohl nicht sehr gesprächig heute. Hatte mich lang auf unseren Tag gefreut, jetzt aber, da wir beisammen waren, war ich geistesabwesend, hab mich gezwungen, freundlich zu Dir zu sein. Ärgerlich. Wahrscheinlich hat mir Deine Stickerei die Laune verdorben: wie Du liebevoll Stich um Stich setztest mit einem Lächeln, das ihm galt, nur ihm. Was kann ich ausrichten neben dem gottgeweihten Knaben? Natürlich überragt er mich weit an Bedeutung. Immer. Auch an unserem Tag.
Ich kann mich noch immer nicht damit abfinden, daß unser Sohn für Gottes große Politik bestimmt sein soll. Unser kleines Glück hätte mir genügt: Wir drei, oder wir vier jetzt, bescheiden genug, aber glücklich und zufrieden. Mußte das wirklich sein? Für dich ist es offenbar keine Frage. Deswegen erklärst du mir auch nichts. Mich treiben die Fragen um. Du stickst die Antwort in Samuels Kleidchen, Stich für Stich. Mit dem Lächeln, das mir die Laune verdirbt.

Ach Hanna, ich schreibe Unfug. Ich hab ihn doch auch von Herzen lieb, unseren Kleinen, und der Abschied von ihm schmerzt mich. Ich schreibe so, als hättest Du Dich den ganzen Tag nur mit dem Kleidchen beschäftigt. Dabei hast Du es bald weggelegt und hast vergnügt mit mir geplaudert, und Deine Umarmung war durchdrungen von Liebe. Nur ich war spröde, hab mich selber darüber geärgert, und das hat mich noch spröder gemacht und noch ärgerlicher. Und jetzt bin ich traurig, daß ich Dir nicht sagen konnte, wie wunderbar Deine Liebe ist: wie eine Quelle im dürren Land, wie ein Bach in der Wüste. Stattdessen kritzle ich Buchstaben, die Du nicht lesen wirst, die Dich möglicherweise gar nicht meinen, Selbstgespräche eines empfindlichen Mannes.
Hanna, liebe, ich sehne mich danach, Dir all das zu sagen, Gutes und Böses, Vernünftiges und Unsinniges, was mich erfüllt und was mich umtreibt. Die Liebe, die Du mir gibst, macht mir Mut. Vielleicht gelingt es mir doch.

Originaltexte: 1. Samuel, 1,1–28; 2,18–21

ZUSAMMENSTOSS

David holte die Lade Gottes herauf in die Stadt Davids mit Freuden. Und David tanzte mit aller Macht vor dem Herrn her und war umgürtet mit einem leinenen Priesterschurz. So brachte David mit dem ganzen Haus Israel die Lade des Herrn herauf mit Jauchzen und Posaunenschall.
Und als die Lade des Herrn in die Stadt Davids kam, guckte Michal, die Tochter Sauls, durchs Fenster und sah den König David springen und tanzen vor dem Herrn und verachtete ihn in ihrem Herzen.
Als sie die Lade des Herrn hineinbrachten, stellten sie sie an ihren Platz mitten im Zelt, das David für sie aufgeschlagen hatte. Und David opferte Brandopfer und Dankopfer vor dem Herrn. Und als David die Brandopfer und Dankopfer beendet hatte, segnete er das Volk in dem Namen des Herrn Zebaoth, und er ließ austeilen allem Volk, der ganzen Menge Israels, Mann und Frau, einem jeden einen Brotkuchen, ein Stück Fleisch und einen Rosinenkuchen. Danach kehrte alles Volk heim, ein jeder in sein Haus.
Als aber David heimkam, seinem Haus den Segensgruß zu bringen, ging Michal, die Tochter Sauls, heraus ihm entgegen und sprach: »Wie herrlich hat sich heute der König von Israel benommen, als er

sich vor den Mägden seiner Männer entblößt hat, wie sich nur Gesindel bloßstellen kann!«
David aber sprach zu Michal: »Vor dem Herrn tanze ich, der *mich* erwählt hat statt deines Vaters und statt seines ganzen Hauses, um *mich* zum Fürsten zu bestellen über das Volk des Herrn, über Israel! Und ich will noch geringer werden als jetzt und will niedrig sein in meinen Augen. Aber bei den Mägden, von denen du geredet hast, komme ich zu Ehren!«
Aber Michal, Sauls Tochter, hatte kein Kind bis an den Tag ihres Todes.

David

Oh Gott, sie hat mir das Fest gründlich verdorben. Ich war so glücklich, voller Lust und Begeisterung! Und alle waren dabei, mitgerissen, klatschten im Rhythmus, jubelten, sangen! Ich tanzte vor ihnen allen – ausgelassen, besinnungslos, hingerissen von dir, mein Gott: daß du dein Zelt aufschlägst neben meiner Wohnung, daß du deinen Thron aufstellst in meiner Stadt!
Und dann das: »Wie herrlich hat sich heute der König von Israel benommen!« Alles weggeblasen. Dieser säuerliche Blick, diese sanfte, eklige Verachtung in ihrer Stimme!

Mein Gott, hielt ich nicht Saul, ihrem Vater, stand, als ihn der Wahnsinn packte? Er warf den Speer nach mir – ich duckte mich. Er hetzte mich mit seinen Kriegern – ich hielt sie zum Narren. Ich erwischte ihn in der Höhle, wehrlos und unbewacht – und schonte großmütig sein Leben. Ja, mit Saul bin ich fertig geworden. Aber Sauls Tochter? Mein Gott, darf sie mich so kränken? Darf eine Frau so des Mannes Ehre anstechen?
Ein ganzes Volk stimmt ein in meinen Jubel, versteht mich, wird eins mit mir – ich könnte doch drauf pfeifen, ob sie gut oder schlecht von mir denkt. Tausende denken gut von mir! Du selbst, Gott, hast Gefallen an mir!
Warum kann ich bei ihr nicht darauf verzichten? Warum bin ich gerade bei ihr so darauf angewiesen, daß sie mich achtet?

Michal

Ich kann es nicht mehr ansehen, wie er sich lächerlich macht. Wie er den Clown spielt vor dem johlenden Pöbel, wie er sich anbiedert, wie er es genießt, daß die Dienstmädchen für ihn schwärmen. Peinlich. Ich schäme mich für ihn.
Hat er vergessen, wer er ist? »Erwählt zum Fürsten über das Volk des Herrn!« Es fällt ihm schnell wie-

der ein, wenn er mich damit treffen kann: »Statt deines Vaters und statt seines ganzen Hauses!« Hat er vergessen, wie ich meinen Vater verriet, um ihm das Leben zu retten? Wie ich ihm zur Flucht verhalf und Sauls Totschläger überlistete? Wo wäre er jetzt – ohne mich? Tot und vergessen, jawohl! Kein tanzender König, kein Dienstmädchenschwarm!
Oh Gott, nun hab ichs ihm gesagt, und er ist sauer. Es ging nicht anders. Ich konnte es nicht hinunterschlucken. Hinauslaufen mußte ich, draußen auf dem Platz mußte ich es loswerden. Es wird in der Stadt die Runde machen. Bald wird man sagen: Sieh, das ist Michal, Sauls Tochter, Davids Frau. Sie hat keine Kinder. Kein Wunder: Den Gesalbten Gottes hat sie verachtet. Eilfertig wird man dein Urteil parat haben und unsere Sache entscheiden: für David, gegen Michal.
Aber du, Gott, weißt, daß ich David geliebt habe. Du wirst meine Liebe nicht gering schätzen! Du wirst sie auch da noch erkennen, wo sie verzerrt ist zu Eifersucht und Verachtung.

Originaltexte: 2. Samuel 6,12–23. 1. Samuel 18,20–27; 19,8–17; 25,44. 2. Samuel 3,14–16.

WIE EINE WILDE BLUME

Die Frau bei einem ihrer Liebhaber

LIEBHABER Wo bist du?

DIE FRAU Hier bin ich, ganz nah bei dir.

LIEBHABER Du scheinst mir weit weg zu sein. Wo bist du in deinen Gedanken?

DIE FRAU Weiß nicht.

LIEBHABER Du denkst an deinen Mann.

DIE FRAU Ich will nicht an ihn denken. Ich möchte diese Vorwürfe in mir zum Schweigen bringen: Du bist undankbar, du bist ein mißratenes Mädchen, du bist es nicht wert, daß er dich liebt –

LIEBHABER Redet er so zu dir?

DIE FRAU Ich spüre es ihm ab. Ich halte das nicht aus: Hätte er mich angeschrien, hätte er mich geschlagen, ich hätte es leichter ertragen als dieses ständige Bewußtsein, ihm Unrecht zu tun, ihn zu verletzen.
Ich hätte niemals einwilligen sollen.

LIEBHABER Er hat dich gefragt?

DIE FRAU Natürlich hat er mich gefragt. Tut man das nicht, wenn man heiraten will? Er hat liebevoll um mich geworben, sobald ich alt genug war; er hat einen richtigen Ehevertrag mit mir gemacht. Er fragte mich: Willst du? und ich sagte: Ja. Aus freien Stücken. Ich liebte ihn! Ihm verdanke ich ja alles. Ohne ihn gäbe es mich überhaupt nicht. Er hat mir das Leben gerettet. Kurz nach meiner Geburt hat er mich vom Acker aufgelesen. Ja, da staunst du. So was gibt es: Meine Mutter hat mich da auf freiem Feld geboren und einfach liegenlassen. Ein Mädchen wollte sie sich nicht aufhalsen. Da lag ich und schrie in Todesangst – bis er mich fand. Er versorgte mich. Er ließ mich leben und aufwachsen, frei und wild wie ich war. Er war mir Vater und Mutter zugleich. Voll Bewunderung schaute ich zu ihm auf. Es war klar, daß ich ja sagte, als er mich zur Frau nehmen wollte. Es gab keinen andern, er war mein ein und alles. Wir liebten uns beide, und er verwöhnte

mich von morgens bis abends. Das ist ja das Schlimme, daß ich ihm nichts vorwerfen kann, nichts, nur Gutes! Daß ich keinen einzigen vernünftigen Grund weiß, warum ich jetzt ständig andere Männer brauche, warum ich den einzigen Mann, der mich wirklich liebt, so abgrundtief enttäuschen muß. Wäre er ein rücksichtsloser Egoist, es würde mir nichts ausmachen, ihn zu betrügen. Aber so einer ist er nicht. Es trifft ihn. Er leidet.
Ich wünschte, er hätte ein bißchen was von dir. Du nimmst das alles nicht so ernst. Du bist wie ich: Jung, leichtsinnig, hübsch. Ein Spielgefährte. Wenn ich morgen mit einem andern gehe, zuckst du die Achseln und das Leben geht weiter.

LIEBHABER Ich wäre traurig.

DIE FRAU Na! Vielleicht eine Nacht lang. Ich gebe dir etwas und du mir. Wir sind quitt. Was kann ich ihm schon geben? Was kann ich gegen den mächtigen Berg seiner Wohltaten setzen?

LIEBHABER Vielleicht will er nur dich, nichts weiter.

DIE FRAU Mich! Nichts weiter! Sehr weise geredet. Wie soll ich mich geben, wenn ich mich nicht habe? Was ist denn an mir dran, was nicht seins ist? Schau mich an: Das Kleid, das ich trage, die Schuhe an meinen Füßen, die Spangen, die meine Haare zusammenhalten, die Nahrung, die meinen Körper hat schön werden lassen, das Öl, das meine Haut weich macht, der Duft, den du einatmest, mein nacktes Leben – alles ist seins! Ich bin sein Geschöpf! Schau, diese Kette an meinem Hals. Sie ist überaus wertvoll. Ich schenke sie dir. Nimm sie. Es gibt mir für einen Augenblick das Gefühl, als könnte ich etwas von mir selbst geben. Natürlich ist auch die Kette von ihm. Wie alles, was ich bin und habe. Sobald er in der Nähe ist, sobald mir sein Name in den Sinn kommt, bleibt nichts mehr an mir, nichts eigenes mehr. Deswegen bin ich so unersättlich nach dir und all den andern Männern, denen ich mich an den Hals werfe. Das begehre ich an euch lockeren Freunden: Ich bin euch ebenbürtig! Ich schulde euch nichts! Ihr seid ihr und ich bin ich!

LIEBHABER Warum erzählst du eigentlich das alles mir? Warum nicht ihm selber?

DIE FRAU Geht nicht. Mit dir kann ich reden, dir kann ich auch mal eine Gemeinheit sagen, du nimmst es nicht so genau. Bei dir komme ich mir einigermaßen erwachsen vor. Bei ihm bin ich immer ein Kind, ein hilfloser Wurm oder eine aufmüpfige Göre, ein liebes Mädchen oder ein schlimmes Mädchen. Ich kann ihm nicht gegenübertreten wie eine Partnerin. Das ist das Unglück. Im übrigen habe ich ihm schon zu viel angetan. Er kann das nicht hinnehmen. Ich werde ihn schließlich dahin bringen, daß er vor Wut blindlings um sich schlägt, daß er mich mit Fußtritten hinausjagt, dorthin, wo ich herkomme. Dann ist der Spuk vorbei.

LIEBHABER Darauf legst du es an?

DIE FRAU Vielleicht. Laß uns über was anderes reden. Ich bin nicht zu dir gekommen, um wieder und wieder an ihn zu denken, sondern um wenigstens ein paar Stunden lang alles zu vergessen. Hilf mir! Nimm mich mit, irgendwohin, weit weg!

LIEBHABER Ich fürchte, du wirst nicht lange bei mir bleiben.

DIE FRAU Ich habe dir nie ewige Treue versprochen oder so getan, als wärest du der einzige für mich.

LIEBHABER Ich fürchte, auch bei all deinen anderen Freunden wirst du nicht lange bleiben. Du wirst von ihm nicht loskommen.

DIE FRAU Ich wollte, ich könnte ihn vergessen. Oder ihn lieben wie eine Frau ihren Mann.

Der Mann bei einem Freund

FREUND Du blickst finster.

DER MANN Wütend bin ich. Wütend und verzweifelt.

FREUND Ihretwegen?

DER MANN Es kann dir nicht entgangen sein, wie sie es treibt. Alle Welt hat es mit angesehen. Sie gibt sich nicht einmal mehr Mühe, etwas zu verbergen. Wie eine Hure steht sie an der Straßenecke und bietet sich dem nächsten besten an, der des Weges kommt. Mannstoll ist sie geworden. Sie fiebert den Männern förmlich entgegen, lockt sie an mit aufreizenden Bewegungen, beschenkt sie sogar, nur damit sie ihr zu Willen sind! Was ich ihr geschenkt habe, verschleudert sie an diese Burschen. Sich selbst verschleudert sie. Warum tut sie das? Warum bedeutet ihr unsere Liebe nichts mehr? Alles, was uns verbunden hat, ist wertlos geworden wie Abfall.

Sie hat es darauf abgesehen, mich zu treffen, mich im Innersten zu verwunden. So kommt es mir vor. Sie will mich fertig machen. Sie haßt mich. Warum? Kannst du mir das sagen? Was habe ich ihr getan?

FREUND Du hast dir nichts vorzuwerfen. Sie hatte es nur gut bei dir. Unglaublich, wie sie dir dafür dankt. Wie lange willst du es noch mit ansehen und dich selber quälen?

DER MANN Ich unternehme nichts. Ich warte ab. Sie wird sich selbst lächerlich machen, so wie sie mich jetzt lächerlich macht.

Ihre feinen Freunde werden sich ihr Spiel nicht länger gefallen lassen. Einer nach dem andern wird sie kaltschnäuzig im Stich lassen. Zum Gespött wird sie werden unter denen, die sich jetzt nach ihr umdrehen. Ich warte es ab. Sie wird noch bitter bereuen, daß sie mich verlassen hat. Keiner von ihren noblen Beschützern wird dann zu ihr halten, so wie ich zu ihr gehalten habe. Ich warte es ab. Soll sie doch zugrundegehen an ihrer eigenen Schande!

FREUND Warum läßt du dich von dieser Frau so empfindlich verletzen? Ist sie die Schmerzen wert? Sie ist ein unnützes Ding. Vergiß sie! Jeder Gedanke an sie ist verschwendet!

DER MANN Ich kann sie nicht vergessen. Zu viel habe ich mit ihr erlebt. Von ihrem ersten Lebenstag an kenne ich sie. Da fand ich sie, mitten auf einem Feld, eben geboren, von ihren Eltern weggeworfen wie wertloser Ballast. Sie zappelte in ihrem Blut, verdreckt und zerschunden, nackt, ohne Windeln, die Nabelschnur hing ihr noch vom Bauch. Ich sah sie liegen, ich hob sie auf, ich schnitt ihr die Nabelschnur ab und wusch ihr das Blut ab, ich salbte ihr die Haut und wickelte sie in Windeln. »Leben sollst du!« sagte ich zu ihr, »leben und wachsen wie eine wilde Blume!« Und sie wuchs heran, wild und schön, blühte auf und wurde zur Frau. Ich liebte sie. Ich warb um sie. Sie gab mir ihr Jawort. Ich schwor ihr Treue. So verbanden wir uns. So wurden wir eins. Und ich war ihr ein guter Ehemann, das kannst du mir glauben. Was einer nur geben kann, gab ich ihr. Ich kleidete sie ein in prächtige Farben, ich gab ihr Schuhe aus feinstem Leder an die Füße, ich legte ihr eine Perlenkette um den Hals, ich schmückte ihre Arme mit silbernen Bändern und ihre Ohren mit goldenen Ringen. Mit einem kostbaren Stirnreif krönte ich ihr Haar. Kein Schmuck war mir zu teuer, wenn er nur ihre Schönheit noch vollkommener erstrahlen ließ. Wirklich, alle Welt bewunderte sie, schön wie sie war. Keine andere Frau ist ihr gleich.

FREUND Noch immer schwärmst du von ihr wie ein verliebter Junge.

DER MANN Aber warum läuft sie dann anderen Männern nach? Tag und Nacht zermartere ich mir den Kopf, weil ich es nicht fassen kann: Warum? Warum? Es war doch alles gut zwischen uns!

FREUND Willst du die Antwort wissen? Dann will ich sie dir sagen, mein Lieber. Du hast sie von der Erde aufgelesen. Du hast sie versorgt, wie eine Mutter ihr Kind versorgt. Warum mußtest du sie unbedingt zu deiner Ehefrau machen? Das muß doch schief gehen. Du hättest ihr ein glücklicher Vater sein und bleiben können. Eine Tochter fragt man nicht: Willst du? Willst du nicht? Einer Tochter befiehlt man. Wenn sie nicht folgt, herrscht man sie an. Wenn sie Zicken macht, sperrt man sie ein. Aber du mußtest sie ja fragen: Willst du meine Frau werden? Jetzt merkst du, wohin das führt. Die Würde steigt ihr in den Kopf. Jetzt pocht sie auf ihre Schönheit wie auf ein Recht, als ob sie von alleine so schön geworden wäre. Du hättest nie mehr aus ihr machen sollen als eine Tochter – wenn überhaupt. Als Dienstmagd hättest du sie einstellen sollen, das hätte dir Ärger erspart. Wer ist sie denn? Sie ist nicht von deiner Art. Nicht dazu geschaffen, an deiner Seite zu sitzen. Sie ist die schäbige Brut verwahrloster Eltern. Jetzt zeigt sich, was sie ist und woher sie stammt. Als Dienstmagd hätte sie deine Wohltaten abarbeiten können, einen Teil deiner Wohltaten. Und es wäre klar geblieben, wer sie ist und wer du bist. Warum mußtest du sie wie deinesgleichen behandeln? Dich ihr verpflichten mit einem Eid? Was bist du ihr schuldig?

DER MANN Ich sehnte mich nach ihrer Liebe. Als sie klein war, tat es mir gut, wenn sie zu mir aufschaute, wenn sie mir dankbar war und auf mich hörte. Jetzt ist sie erwachsen. Ich wollte ihr Mann sein, den sie aus freien Stücken liebt. Nicht mehr als dankbare Tochter. Nicht als gehorsame Dienstmagd. Als Frau. Danach sehnte ich mich. Danach sehne ich mich noch immer.

FREUND Nach allem, was sie dir angetan hat? Ich sorge mich um dich, mein Freund. Du rennst einem Traumbild nach. Es

wird noch dahin kommen, daß du dich ihr gleichmachst, aus lauter Liebe.
Warum sagst du nichts mehr?
Du weinst ja!

Originaltext: Hesekiel 16. Der Prophet erzählt diese Geschichte als Gleichnis für die Beziehung zwischen Gott und seinem Volk.

DER STAMMBAUM

Ich bin Matthäus, der Evangelist. Ihr kennt mich. Ich möchte mit euch das Christuskind ehren, den Geburtstag des Messias feiern. Ich habe ein Geschenk für ihn mitgebracht, etwas Wertvolles, gerade für ein neu geborenes Kind. Schaut her: Einen Stammbaum habe ich ihm aufgezeichnet. Die lükkenlose Linie seiner Vorfahren, über David zurück bis Abraham. Durch die ganze Geschichte Gottes mit Israel geht dieser Stammbaum. Einige seiner Vorfahren werdet ihr kennen, z. B. Abraham, Isaak, Jakob ganz oben an der Wurzel, vielleicht auch Juda, Jakobs vierten Sohn. Dann hier weiter unten Isai, den Vater Davids. Hier David selbst, seinen Sohn Salomo, und den unglückseligen Rehabeam, durch dessen bornierte Politik Israel in zwei Reiche gespalten wurde. Dann folgen weniger bekannte Namen, aber alles Namen von Königen. Sie haben in Jerusalem regiert, bis zur babylonischen Gefangenschaft: Jojachin wurde von den Babyloniern verschleppt. Bald darauf war es aus mit Jerusalem. Vielleicht kennt ihr noch Serubbabel: Er hat das Volk aus der Fremde zurückgeführt. Die letzten Namen werden euch wenig sagen. Ich selber weiß offen gestanden auch nicht viel von ihnen. Sie führen hin zu Josef, dem Vater des Christuskindes.

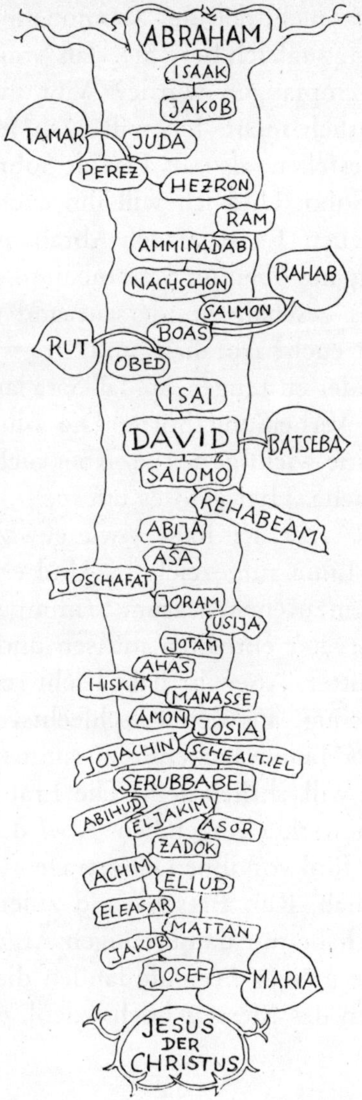
ABRAHAM
ISAAK
JAKOB
TAMAR
JUDA
PEREZ
HEZRON
RAM
AMMINADAB
RAHAB
NACHSCHON
SALMON
BOAS
RUT
OBED
ISAI
DAVID
BATSEBA
SALOMO
REHABEAM
ABIJA
ASA
JOSCHAFAT
JORAM
USIJA
JOTAM
AHAS
HISKIA
MANASSE
AMON
JOSIA
JOJACHIN
SCHEALTIEL
SERUBBABEL
ABIHUD
ELJAKIM
ASOR
ZADOK
ACHIM
ELIUD
ELEASAR
MATTAN
JAKOB
JOSEF
MARIA
JESUS
DER
CHRISTUS

Ihr wundert euch, daß der Stammbaum über Josef läuft, wo ich zugleich berichte, daß Jesus vom heiligen Geist empfangen wurde? Wißt ihr, das stört mich eigentlich nicht. Ich will euch Jesus als den Messias vorstellen, also als Davids Sohn und damit als Josefs Sohn. Und ich will ihn euch als Gottes Sohn vorstellen. Er ist ja auch Abrahams Sohn, wie Isaak, hier ganz oben im Stammbaum. Auch Isaaks Empfängnis geschah wundersam und mehrdeutig, erinnert ihr euch? Abraham und Sara waren viel zu alt, um Kinder zu zeugen, so daß Sara laut lachte, als sie Gottes Verheißung hörte. Die Blutsverwandtschaft ist eine wichtige Sache. Aber nicht die einzig wichtige Sache. Hier geht es um mehr.
Ja, ihr habt recht, ich habe – wie gewöhnlich – die männliche Linie aufgezeichnet. Und es ist tatsächlich nicht einzusehen, warum Stammbäume immer nur die Vorväter enthalten müssen und nicht auch die Vor-Mütter. Aber ihr habt leicht reden. Es war mühsam genug, aus den Geschlechtsregistern wenigstens die Männer lückenlos zusammenzubringen. Na ja, ich will ehrlich sein: Die Frauen sind mir auch erst hinterher eingefallen. Aber dann habe ich wenigstens fünf von ihnen eingetragen – schaut her: Tamar, Rahab, Rut, Batseba und zuletzt natürlich Maria. Ich habe mir damit einigen Ärger eingehandelt. Einige meiner Freunde fanden die Frauen im Stammbaum des Messias höchst deplaziert. Einmal

überhaupt: Das sei nirgends üblich. Aber vor allem wegen der Auswahl regten sie sich auf: »Warum hast du nicht die altbekannten Urmütter genommen«, fragten sie, »die ehrwürdige Sara, die listige Rebekka, die kinderreiche Lea? Warum ausgerechnet Tamar, Rahab, Rut und Batseba? Willst du das Messiaskind ehren oder willst du es blamieren?« Sie belehrten mich, solche Verwandtschaft sollte man lieber schweigend übergehen, zumal in Gegenwart eines Kindes. Nun muß ich sagen, es sind etwas ängstliche Freunde, ihnen liegt außergewöhnlich viel an Sitte und Anstand. »Was wollt ihr?« habe ich ihnen geantwortet, »sie *sind* Vorfahren des Jesuskindes! Und darum will ich nicht von ihnen schweigen, sondern lieber erzählen, was das für Frauen waren und wie sie dazu kamen, die Urmütter des Messias zu werden!«
Kennt ihr ihre Geschichten?

Schaut, da ist *Tamar*. Sie war als junges Mädchen mit Er, einem Sohn Judas, verheiratet worden, aber der starb bald darauf. Also mußte nach dem Gesetz Judas zweiter Sohn Onan die junge Witwe übernehmen, um seinem verstorbenen Bruder Nachkommen und Erben zu verschaffen. Onan sah das nicht ein, daß er auf diese Weise sein eigenes Erbe verkleinern sollte. Er schlief zwar mit Tamar, aber er sorgte dafür, daß sie nicht von ihm schwanger wurde: Sei-

nen Samen ließ er zur Erde fallen und verderben. Bald starb auch Onan. Man sah darin eine Strafe Gottes, weil er sich seiner Verpflichtung entzogen hatte.
Juda hatte noch einen dritten Sohn, Schela hieß er, aber der war noch ein Kind, und außerdem fürchtete Juda, bei dieser Frau würde ihm auch noch der letzte Sohn sterben. Also schickte er Tamar fort: »Bleib vorerst Witwe«, sagte er, »und warte bei deinen Eltern, bis Schela erwachsen ist!« Tamar wartete und wartete, und Schela war längst groß und stark geworden, aber daß er ihr Kinder zeugen sollte, davon war keine Rede mehr. Da verschaffte sie sich selber ihr Recht:
Als Juda eines Tages zur Schafschur unterwegs war, da saß an einer Weggabelung eine Hure: das Gesicht verhüllt, lieb anzusehen. »Schläfst du mit mir?« fragte Juda. »Was gibst du mir?« fragte die Hure. »Einen Ziegenbock. Ich lasse ihn dir morgen bringen.« – »Dann gib mir einstweilen ein Pfand«. – »Was willst du?« – »Deinen Siegelring mit der Schnur, an der du ihn trägst, und deinen Stock.« – »Gut, sollst du haben«.
Am andern Tag schickte Juda einen Freund mit dem Ziegenbock. Der fragte alle Leute im Dorf, wo die Hure sei, aber alle sagten: Hier gibts keine Hure.
Wochen später wurde Juda gemeldet, daß seine Schwiegertochter Tamar schwanger war. »Sie hat

sich mit einem Mann eingelassen«, wütete Juda, »sie muß verbrannt werden!« Während er so über Tamar herzog im Kreis entrüsteter Männer, kam ein Bote und legte drei Gegenstände vor Juda nieder: einen Stock, einen Siegelring und eine Schnur. »Dies gehört dem Vater von Tamars Kind«, sagte der Bote. »Sie ist im Recht«, sagte Juda, »und ich bin im Unrecht«.
Das war Tamar. Sie gebar übrigens Zwillinge, einer davon ist Perez, hier seht ihr ihn auf dem Stammbaum.

Und dort seht ihr *Rahab*, sechs Generationen später. Rahab verkleidete sich nicht als Hure wie Tamar. Sie *war* eine. In Jericho hatte sie ein Häuschen, direkt an die Stadtmauer gebaut. Durch das Kammerfenster konnte sie aus der Stadt hinausschauen. Als die zwei Burschen kamen, die das Gebiet für Israel auskundschaften sollten, kehrten sie bei der Hure ein. Vielleicht dachten sie, das wäre unauffällig, da kämen sicher öfter Fremde her. Aber da hatten sie sich getäuscht. In der Nacht schlugen die Männer von Jericho plötzlich an die Tür und schrieen: »Gib die Kerle heraus, die bei dir untergeschlüpft sind! Die spionieren für Israel!« – »Die sind längst wieder weg!«, rief Rahab. »Als es dunkel wurde, haben sie die Stadt verlassen. Die Tore waren noch offen. Ihr könnt mein Haus durchsuchen, wenn ihr wollt, aber besser macht ihr euch auf die

Beine und verfolgt sie draußen! Weit können sie noch nicht gekommen sein.« Rahab hatte nämlich auf ihrem flachen Dach einen Haufen Flachs liegen. Unter diesem Haufen hatte sie die beiden versteckt. Niemand entdeckte sie dort.

Als die Männer von Jericho verschwunden waren – sie jagten tatsächlich draußen auf den Landstraßen den Spionen nach – ging Rahab hinauf zu ihren Gästen. »Ich weiß«, sagte sie, »das Land wird euch gehören. Alle zittern vor euch. Wir haben gehört, wozu euer Gott imstande ist. Was er mit den Ägyptern gemacht hat, als sie hinter euch her waren. Und nun müßt ihr mir schwören bei eurem Gott, daß Ihr mich leben laßt, wenn ihr die Stadt einnehmt. Daß ihr mich verschont – und meinen Vater und meine Mutter und meine Brüder und meine Schwestern und ihre Familien! Schaut, durch dieses Fenster lasse ich euch hinaus – da können sie die Stadttore noch so fest verriegeln! An diesem roten Strick könnt ihr die Mauer hinunterklettern.« – »Gut«, sagten die Männer, »wir schwören dir: Dein Haus wird nicht angetastet. Du kannst alle deine Verwandten zu dir holen. Aber binde den roten Strick an das Fenster! Daran sollen unsere Leute dein Haus erkennen. So wird euch nichts geschehen, dafür bürgen wir mit unserem Leben.«

So sprachen sie mit ihr alles ganz genau ab, und Rahab ließ sie durch das Mauerfenster kriechen und

an dem roten Strick hinunterrutschen, und sie gab ihnen noch gute Ratschläge mit, wo sie sich verstekken konnten, bis die Suchtrupps die Verfolgung aufgeben würden.
Alles ging nach Plan. Als die Israeliten Jericho zerstörten, blieb Rahab, die Hure, am Leben, und mit ihr die ganze Verwandtschaft, die in ihrem Haus Zuflucht gefunden hatte. Sie lebte fortan unter den Israeliten, und alle auf diesem Stammbaum, von Boas angefangen bis Jesus, sind auch ihre Nachkommen.

Ihr seht, es gibt nicht nur Israeliten unter den Vorfahren des Messias. Eine Ausländerin war auch *Rut*. Sie hatte in eine ausgewanderte israelitische Familie eingeheiratet, und nachdem alle Männer dieser Familie gestorben waren, war sie mit ihrer Schwiegermutter Noomi nach Bethlehem gezogen. Geschickt stellte sie es an, um beim Ährenlesen dem richtigen Mann ins Auge zu fallen! Ja, sie war eine kluge Frau, und ihre Schwiegermutter beriet sie wie eine Freundin: »Rut«, sagte sie, »paß auf: Boas worfelt heute sein Getreide. Da wird er nach der Arbeit gut essen und trinken und sich draußen auf der Tenne schlafen legen. Merke dir, wo er sich hinlegt, damit du ihn findest, wenn es dunkel ist!« Rut badete, salbte sich, zog sich hübsch an und schlich zur Tenne. Und als Boas endlich eingeschlafen war, schlüpfte sie flink unter seine Decke. Das wirkte! Mitten in der

Nacht wachte Boas auf, erschrak, war ganz verwirrt und zugleich überrascht – jedenfalls fiel ihm erst beim Morgengrauen ein, daß es jetzt wohl besser wäre für Rut, zu gehen, bevor alle Leute sehen konnten, wer da nachts zu ihm unter die Decke gekrochen war.
Noomi, die Schwiegermutter, lachte, als ihr Rut am Morgen alles erzählte. »Jetzt kannst du es ruhig abwarten«, sagte sie. »Er wird keine Ruhe geben, bis er sein Ziel erreicht hat!« Und recht hatte sie. Noch am gleichen Tag setzte Boas alle Hebel in Bewegung und besorgte sich mit dem unglaublichen Geschick, das Liebende manchmal entwickeln, die Rechte für die Heirat. So wurde Rut, die Ausländerin, die Frau des Boas von Bethlehem. Sie war die Urgroßmutter des Königs David und gehört damit auch zur Verwandtschaft des Messiaskindes.
Versteht Ihr, daß ich diese Frauen im Stammbaum nicht übergehen will? Es wäre einfach ein Jammer, ihre Geschichten zu verschweigen!

Und auch an *Batseba* will ich erinnern, an die Frau Urias, die David nicht zustand, die er sich raubte, während der Mann für ihn Kriegsdienst leistete. David sah die Frau von der Dachterrasse seines Palastes aus, sah wie sie badete, sah ihre Schönheit, begehrte sie, ließ sie sich bringen, liebte sie. Versuchte dann auf peinliche Art zu vertuschen, daß sie von ihm schwanger war: holte Uria von der Front, zechte mit ihm, wollte ihm Heimurlaub geben, scheiterte an der Pflichtauffassung des Mannes. Nutzte schließlich seine Befehlsgewalt und ließ Uria, den ahnungslosen, ins Schwert der Feinde laufen. Wie ein Heldentod sollte es aussehen. Mord war es.

Das Kind, das die beiden gezeugt hatten, starb. Ihr zweites Kind war Salomo. So ist auch Batseba, Urias Frau, eine Ahne des Christus geworden. Ich habe sie in den Stammbaum eingezeichnet, um an Davids Verbrechen zu erinnern – zögernd, denn es ist schwer zu ertragen: Ehebruch, Machtmißbrauch, Mord bei Gottes Erwählten. Aber es geschieht so. Und es ist schwer zu begreifen, daß Gott in solchen Geschichten seine Geschichte unterbringt, aber er tuts: mit Batseba und David, mit Rut, Boas und Noomi, mit Rahab und ihren Gästen, mit Tamar und Juda. Und jetzt, erst recht, mit Maria und Joseph und ihrem Sohn Jesus. Denn durch ihn hat sich Gott in unseren irdischen Alltag eingeflochten wie nie zuvor.

Darum schenke ich nun dem Christuskind seinen Stammbaum. Und ich schenke ihn euch und allen, die wie ich dieses Kind lieben. Nehmt ihn und betrachtet ihn – als ein Dokument der Menschlichkeit Gottes!

Originaltexte: Matthäus 1,1–18. 1. Mose 18,1–15; 38,6–30. Josua 2. Rut 1–4. 2. Samuel 11–12

ABGEWIESEN

Jesus ging in ein Haus, und wieder kamen so viele Menschen zusammen, daß er und die Jünger nicht einmal zum Essen kamen. Als seine Angehörigen davon hörten, machten sie sich auf den Weg, um ihn mit Gewalt heimzuholen; denn sie sagten: »Er ist von Sinnen!«
So kamen also seine Mutter und seine Geschwister. Sie blieben vor dem Haus stehen und ließen ihn herausrufen. Es saßen viele Leute um ihn herum, und man sagte ihm: »Deine Mutter und deine Geschwister stehen draußen und fragen nach dir.« Er erwiderte: »Wer ist meine Mutter? Und wer sind meine Geschwister?« Er blickte auf die Menschen, die im Kreis um ihn herumsaßen, und sagte: »Das hier sind meine Mutter und meine Geschwister. Wer den Willen Gottes tut, der ist mir Bruder und Schwester und Mutter.«

Maria im Kreis ihrer Söhne und Töchter nach diesem Vorfall

Warum muß er mir das antun?
Habe ich etwas falsch gemacht? Sagt doch, was hätten wir sonst tun sollen? Jemand muß sich doch um

ihn kümmern! Wer tut es denn, wenn wir es nicht tun! Wir wollen ihm doch nichts Böses, wir meinen es doch nur gut, es muß ihm doch jemand helfen! Er macht sich ja kaputt. Wirklich, er hat den Verstand verloren. Das ist nicht normal, das kann nicht gut gehen, die Behörden werden schon aufmerksam. Und diese Gesellschaft, die sich da um ihn drängt! Ja, sicher, es ist der schlechte Einfluß dieser Leute, der Junge ist im Kern ganz in Ordnung, er würde so was nicht machen. Wären die nicht um ihn herumgesessen, er hätte mich nicht draußen stehen lassen. Mich nicht und euch nicht. »Wer ist das, meine Mutter?« Das hätte er nicht gesagt. Bestimmt nicht. Das ist der Einfluß seiner Freunde, die er jetzt als seine Familie bezeichnet, als Bruder, Schwester, Mutter. Nur noch die kennt er. Seine wirkliche Familie kennt er nicht mehr. Seine Mutter kennt er nicht mehr. »Wer ist das, meine Mutter?« Wie Luft behandelt er mich, wie Nichts. Versteht ihr das? Warum muß er mir das antun!
Ihr seid doch auch alle was geworden, habt ein Handwerk gelernt, ihr Mädchen seid gut verheiratet. Ihr versorgt mich, seht nach mir, ladet mich ein. Ich muß nicht von Almosen leben wie andere Witwen. Sind wir nicht eine gute Familie? Sicher, manchmal gibts Streit, aber wo gibts den nicht! Wir haben uns allemal wieder vertragen, nicht wahr? Kann sich nicht jeder bei uns zuhause

fühlen? Warum er nicht? Warum schlägt er aus der Art?
Warum gerade er? Ich hänge so sehr an ihm. Er ist mein Erster. Mein Liebster. Vielleicht sollte ich das nicht sagen, ich tu euch weh, wo ihr treu zu mir haltet und mich alle begleitet habt auf diesem schweren Gang. Ich sollte euch dankbar sein und nicht so was vor euch sagen. Aber mich quält das entsetzlich, daß gerade er mir den Rücken kehrt. Als hätte ich ihn nicht geboren, genährt, behütet! Als hätte ich ihm nicht alle Liebe gegeben, die eine Mutter nur geben kann! Er war für mich nicht irgendein Kind. Er war für mich – ein Gottesgeschenk. Könnt ihr das verstehen? Darum zerreißt mich das, wenn er mich behandelt, als wäre ich eine fremde Frau.
Warum muß er mir das antun? Mein Gott, warum?

Originaltext: Markus 3,20–21; 31–35

Sie haben mich übersehen! Mein Glück! Aber wieso?
Mir ist schlecht von dem Schrecken: Die Tür flog auf, grelles Sonnenlicht fiel in unseren Schlupfwinkel und ließ die Haut der Frau in meinen Armen aufblitzen. Die Männer starrten sie an, immer nur sie. Sie zerrten sie von unserem Lager und verschwanden mit ihr.
Mich beachtete keiner. Auch ihr Mann nicht, ihr rechtmäßiger, dem sie gehört. Der sie nicht verdient, diese Frau nicht, so wie er sie behandelt hat! Ich sah ihn: Dort, hinter den andern stand er, rührte keinen Finger, ließ die andern machen. Blickte sie nur an, finster befriedigt. Nur sie. Voll Haß. So wird er auf sie herabblicken, wenn man sie aburteilt, keinen Finger rühren, die andern machen lassen. Mir ist übel.
Ich muß ihnen nach! Sehen, was passiert. Man hat mich hier übersehen. Absicht? Ein Wink? Schließ dich an, reih dich ein, du darfst nicht fehlen, wenn man das Urteil vollstreckt! Sonst fragt man noch: Wo bleibt denn der? Warum drückt er sich vor der Pflicht, dem Gesetz Genüge zu tun? Man hat dich übersehen, Mann! Lauf ihnen nach, bevor sie sich besinnen, bevor sie auch dich aus dem Schlupfloch

zerren! Nimm einen Stein in die Hand, daß man sieht, du bist entschlossen!
Ich werde ihr natürlich nichts tun. Nicht wirklich. Keinen Stein auf sie werfen. Höchstens zum Schein vielleicht, ohne zu treffen. Nein.
Wohin marschieren die denn mit ihr? Wieso zum Tempel? Ach, da ist der Rabbi aus Galiläa, der so viel Staub aufwirbelt. Dem führen sie die Angeklagte vor. Himmel! Über Ehebruch hat der extreme Ansichten, hört man sagen. Schon ein Augenzwinkern soll Ehebruch sein, oder so ähnlich. Wir haben uns weiß Gott nicht nur zugezwinkert. Eindeutig erwischt haben sie uns – Vorsicht, mein Lieber: Erwischt und abgeführt hat man nur sie. Nicht uns. Dort in der Mitte vor dem Rabbi steht sie allein. Du stehst außen im Kreis der Männer, einen Stein in der Hand.
Ich verstehe nicht, warum sie den Rabbi fragen. Warum gerade diesen. Jeder weiß, was im Gesetz steht: »Wer die Ehe bricht mit der Frau eines andern, soll sterben: beide, Ehebrecher und Ehebrecherin sollen sterben.« Eindeutig. Ich weiß es, sie wissen es, und trotzdem steht da eine Frau allein. Das ist doch widersinnig: Wie kann sie ohne einen Mann die Ehe brechen? Um den Mann hat sich keiner gekümmert. Wozu fragen sie jetzt den Rabbi? Was wollen sie hören? Vielleicht: »Holt mir den Mann her, mit dem sie es getan hat, dann werde ich urteilen«?

War vielleicht doch nicht so gut, sich unter die Männer zu mischen. Abhauen? Mann, reiß dich zusammen! Ein falsches Zucken, und der Rabbi entlarvt dich! Steh gerade, auch wenn sich dein Magen zusammenkrampft, halte dich an deinem Stein fest, und höre, was der Rabbi zu sagen hat!
Der machts aber spannend. Er hat sich niedergehockt und malt mit dem Finger in den Sand. Sie drängen ihn, fragen nach. Er malt Striche, Figuren, Buchstaben, wer weiß was das bedeuten soll. Als ob wir alle nicht da wären. Merkwürdig. Die Frau, die dort vor ihm steht, totenblaß, zitternd, war doch eben noch meine Geliebte. Eben noch hätte ich ihr die Sterne vom Himmel geholt, so verrückt war ich nach ihr. Ach, sie tut mir leid. Was soll ich tun? Heldenhaft in den Kreis treten, an ihre Seite? Lauthals bekennen: Ich gehöre dazu? Ihr habt mich übersehen – hier bin ich? Wem nützt es? Ist irgendwas gewonnen, wenn zwei umgebracht werden statt einer? Das rettet sie nicht. Aber meine Kinder verlieren den Vater, meine Mutter den Sohn, meine Frau den Ernährer, und Schande kommt über sie alle. Die Männer, die hier das Recht vertreten, lassen mich unbehelligt. Die Frau klagen sie an. Sie werden ihre Gründe haben. Sie sind Gelehrte der Schrift – einige jedenfalls – sie kennen das Gesetz besser als ich, und wie man es auslegen muß. Wenn ich es recht bedenke, muß man

doch einen gewissen Unterschied machen in der Verantwortung von Männern und von Frauen. Ich will mich nicht als Unschuldslamm ausgeben, aber wenn sie etwas zurückhaltender gewesen wäre, wenn sie mir nicht so deutlich ihre Bereitschaft gezeigt hätte, ach Mann, wenn sie nicht so verdammt reizvoll wäre – da soll doch widerstehen, wer kann! Muß doch ein Steinbrocken sein und kein Mann aus Fleisch und Blut, wer da standhaft bleibt.
Der Rabbi erhebt sich. Still! Was sagt er? »Wer von euch ohne Sünde ist, der werfe den ersten Stein auf sie.« Da hockt er schon wieder und malt mit seinem Finger in den Sand.
Was nun? Einigen Herren hier scheint es mulmig zu werden. Tatsächlich, die zwei Alten da drüben machen sich davon. Der neben mir jetzt auch. Dort zwei weitere. Der Ring zerbröckelt, löst sich auf. Sieh an, auch ihr Ehemann wendet sich und geht. Sieh an, auch er! – Was stehst du noch und träumst, Mensch, mach daß du hier verschwindest, sonst bleibst du am Ende als einziger zurück! Lauf zu, schau nicht rechts und nicht links, dreh dich nicht um! Laß diese Frau hinter dir. Der Rabbi wird mit ihr die peinliche Geschichte irgendwie zu einem Ende bringen, wie auch immer.
Die Gasse ist menschenleer, keiner mehr zu sehen. Ich habe ja immer noch diesen Stein in der Hand!

Wage ich einen Blick zurück? Der Abstand ist groß genug.
Sie und der Rabbi. Sonst keiner. Sie reden miteinander. Das möchte ich doch wissen, was sie reden. Was er ihr sagt. Wirklich, das wüßte ich gern.
Umkehren?
Mann! Du bist mit heiler Haut davongekommen. Niemand fragt nach dir. Was willst du noch? In dieser Geschichte kommst du nicht vor. Also.

Originaltexte: Johannes 8,3–11. 3. Mose 20,10. 5. Mose 22,22

WARNUNG EINES FAMILIENSCHÜTZERS

Meine lieben Freunde,
uns allen liegt das Wohl der Familie am Herzen. Und darum beobachten wir mit wachsender Besorgnis gewisse Strömungen, die sich insbesondere auf unsere junge Generation verderblich auszuwirken drohen. Ihr wißt, wer der Urheber dieser familienfeindlichen Ideen ist. Sein Name ist heutzutage – leider! – in aller Munde. Skrupellos mißachtet dieser selbsternannte Prophet alle Werte, die uns und unseren Vätern zu allen Zeiten heilig gewesen sind. Er lockt die jungen Menschen aus ihren Familien, und manche lassen in der Tat alles stehn und liegen und tauchen in seiner Gruppe unter, so als wäre dort die Schaltstelle alles Lebens und nicht im Schoß der Familie. Ohne Abschied laufen sie ihren Vätern, Müttern und Geschwistern davon, und wenn noch Reste kindlicher Pflichterfüllung die Bindung an die Familie aufrechterhalten, wenn etwa ein junger Mann seinem verstorbenen Vater die letzte Ehre erweisen will, so bekommt er die zynische Bemerkung zu hören, man solle doch das Begraben der Toten den Toten selbst überlassen.

Aber nicht genug damit. Auch Frauen lassen sich von jenem Herrn verleiten, ihre häuslichen Aufgaben zu vernachlässigen und sich in Dinge zu mischen, die ihrer natürlichen Bestimmung als Ehefrau und Mutter zuwiderlaufen. Es muß doch allen Müttern, die sich ein Leben lang in selbstlosem Einsatz für ihre Familie aufgeopfert haben, wie blanker Hohn erscheinen, wenn einige ihrer Geschlechtsgenossinnen in gemischten Gruppen bei klugen Gesprächen über Gott und die Welt sich selbst verwirklichen, wobei der Mann, um den sie sich schwärmend scharen, diese Unsitten nicht nur duldet, sondern sogar verteidigt, ja propagiert!

Es wird nach all dem niemanden mehr wundern, daß auch die Kinder in dieser Gesellschaft die Ehrfurcht vor ihren Vätern verlieren. Statt tüchtige Männer als Vorbilder vor sie hinzustellen und sie zu Bescheidenheit und Gehorsam anzuhalten, pervertiert dieser Mensch alle Erziehungsprinzipien, stellt Kinder in den Mittelpunkt, erklärt sie zum Vorbild der Erwachsenen! Wenn auf diese Weise alle Autorität untergraben wird, kann das Folgen haben, die wir, deren Familien Gott sei Dank intakt geblieben sind, uns gar nicht ausmalen können!

Wir müssen also vor diesem Mann eindringlich warnen. Seine eigene Mutter, die sich voll Sorge um ihn bemühte, hat erleben müssen, daß er sie wie eine Fremde behandelte und sich im Kreis seiner zweifelhaften Freunde von ihr lossagte. Wer so etwas fertigbringt, und wer zu solchem Tun anstiftet, für den gibt es nur noch eine Bezeichnung: Familienzersetzer!

Originaltexte: Markus 1,20. Lukas 9,57–62; 10,38–42; 8,1–3. Matthäus 18,1–5. Markus 3,31–35.

DIE UNFERTIGEN

Die Siebzig, die Jesus ausgesandt hatte, kamen zurück und sagten voll Freude: »Herr, sogar die bösen Geister sind uns untertan in deinem Namen!« Jesus sagte zu ihnen: »Ich sah den Satan aus dem Himmel stürzen wie einen Blitz!«
Da fingen einige von ihnen laut zu jubeln an. Sie tanzten ausgelassen und riefen immer wieder: »Die Geister sind uns untertan! Der Satan ist gestürzt! Die bösen Mächte müssen uns gehorchen!«
Andere standen ein wenig verlegen dabei, sahen staunend auf den Begeisterungstaumel ihrer Kollegen, aber ihre Worte konnten sie nicht mitsprechen.
»Was habt ihr denn erlebt?« fragte sie Jesus.
»Ach, nicht sehr viel«, sagte eine junge Frau. »Ich kam in die Stadt und hörte gleich ein fürchterliches Geschrei, das hörte man drei Straßen weit, so stritten sich die: Vater, Mutter und Kinder. Da ging ich halt in das Haus hinein, und als alle erstaunt auf mich guckten und deswegen mal ausnahmsweise den Mund hielten, sagte ich halt was vom Frieden Gottes und so, was wir von dir gehört hatten. Das war wohl nicht sehr wirkungsvoll, denn kaum war ich um die Ecke gebogen, da hörte ich sie schon wieder kreischen.«
»Ich hab eigentlich auch nichts fertiggebracht«,

sagte ein alter Mann. »Da saß ein Kind am Straßenrand, das gefiel mir einfach und hatte furchtbare Langeweile. Die Eltern und Geschwister arbeiteten wohl auf dem Feld. Da spielte ich mit ihm und erzählte ihm Geschichten, und darüber vergaß ich den ganzen Auftrag. Am Schluß hüpfte das Kind davon und ich bin allein heimgegangen.«

»Ich hatte eigentlich schon vor, einen bösen Geist auszutreiben«, sagte ein Mann. »Da kam mir einer entgegen, der litt ganz offensichtlich an einem schlimmen Geist, so verkrümmt und verkrampft wie der aussah. Also redete ich den Geist an und versuchte, sehr streng mit ihm zu sein und ihn zu verjagen. Aber je länger ich mit dem wilden Geist sprach, desto mehr mochte ich ihn, so wild und ungebärdig wie er war, und auch der ganze Mensch fing fast an, mit seinem häßlichen Geist Freundschaft zu schließen. Die beiden wurden sich auch immer ähnlicher, jedenfalls kam mir das so vor. Was sollte ich machen? Ich brachts nicht übers Herz, den Geist zu vertreiben. Ich dachte: Da gehörst du ja eigentlich wirklich hinein in diesen Menschen, dem fehlt ja was wesentliches ohne dich! Und so ließ ich ihn drin.«

»Ich bin nicht weit gekommen«, erzählte eine ältere Jüngerin, »wegen einer ganz entsetzlichen Frau. Die überfiel mich gleich am Ortseingang mit hunderttausend Klagen und Vorwürfen; alle Welt beschimpfte sie, ihre Kinder, ihren Mann, ihre Nachbarin, dann mich, schließlich sogar Gott. Nach spätestens drei Stunden hielt ichs wirklich nicht mehr aus. Ich kam ja selber nie zu Wort! Also nach drei Stunden riß mir die Geduld. Ich schrie sie an: Schluß jetzt! Da war sie tatsächlich ruhig, holte aus ihrem Korb eine Hand voll Feigen und gab sie mir. Ich war zu nichts mehr fähig. Setzte mich in den Schatten und aß die Feigen auf.«

»Ich habe einen Lahmen getroffen«, sagte ein Junge, »seine Krücke war kaputt. Ich reparierte sie ihm. Ich kann nämlich schreinern.«

»Ich wollte an einer Haustür klopfen«, sagte ein Mädchen, »aber da konnte ich durchs Fenster sehen, daß die zwei da drinnen sich liebten. Da störte ich sie lieber nicht und ging leise weiter.«

»Ich habe eine sehr alte Frau liegen sehen«, berichtete ein Jünger mit traurigem Blick. »Sie war sehr krank. Ich wollte versuchen, sie zu heilen, setzte mich hin und legte meine Hand auf ihre Stirn. Zuerst meinte ich, sie wird ruhiger und die Krankheit weicht von ihr. Aber dann merkte ich, daß sie tot war.«

»Wir sind in ein Dorf im Gebirge gegangen«, berichteten schließlich zwei Frauen. »Die Leute dort beschimpften uns, kaum daß sie uns sahen, und jagten uns davon. Da wollten wir, wie du es uns gesagt hast, den Staub von unsern Füßen schütteln. Aber dabei bemerkten wir, wie viel Staub da überall war, wie trocken die Äcker waren, wie elend dürr die Bäume. Da dachten wir: Die müssen wohl so ekelhaft zu uns sein, wenn es ihnen so schlecht geht. Darüber dachten wir lange nach, und wir beteten um Regen.«

So erzählten sie, und Jesus hörte ihnen zu. Und als die andern wieder anfangen wollten, ihre Macht über die bösen Geister zu preisen, sagte Jesus zu ihnen allen:

»Seht, ich habe euch Macht gegeben, auf Schlangen und Skorpione zu treten, und über alle Gewalt des Feindes, und nichts wird euch schaden. Doch freut euch nicht darüber, daß die Geister euch untertan sind. Freut euch, daß eure Namen im Himmel geschrieben sind, daß Gott euch kennt, euch und alle, denen ihr begegnet seid.«

In dieser Stunde überkam Jesus eine unbändige Freude durch den heiligen Geist, und er rief: »Ich preise dich, Vater, Herr des Himmels und der Erde, daß du dies den Weisen und Klugen verborgen und den Unfertigen offenbart hast! Ja, Vater, denn so ist wirklich geschehen, woran du deine Lust hast!«

Originaltext: Lukas 10,17–21

NACHTGESPRÄCH

GORGIAS Du kommst spät.

XENIA Ja. Wir haben bis in die Nacht hinein heiß diskutiert. Warum bist du nicht schlafen gegangen?

GORGIAS Ich hatte keine Ruhe.

XENIA Ärger?

GORGIAS Nein. Nur Gedanken gewälzt. Ich hab mir vorgestellt, wie das sein wird, wenn du eines Tages nicht mehr zurückkommst.

XENIA Das traust du mir zu? Daß ich plötzlich nicht mehr hier auftauche? Keine Angst, Gorgias.

GORGIAS Es geht hier nicht um irgendwelche Ängste, die ich mir vielleicht einbilde, oder ob ich dir dies oder jenes zutrauen würde. Es geht um Tatbestände. Ich kann schließlich zwei und zwei zusammenzählen. Ich habe alles noch einmal Stück für Stück durchdacht, ganz sachlich, verstehst du? Seit über zwei Jahren hältst du dich nun zu dieser Gruppe. Seitdem hast du keine Versammlung ausgelassen. Die Treffen mit deinen Christus-Freunden sind dir wichtiger als alles geworden, wichtiger als deine Familie, wichtiger als unser guter Ruf, natürlich auch wichtiger als ich. Das habe ich bald begriffen: Es wäre sinnlos gewesen, dir das auszureden. Keine Macht der Welt hätte dich davon abhalten können. Eher hättest du unsere Ehe platzen lassen. Hab ich recht?

XENIA Ja, du hast recht. Nur hast du mir meinen Glauben nie ausgeredet, sondern immer betont, wie gut es mir täte, bei engagierten Menschen Anschluß zu finden, und daß du das nur unterstützen könntest . . .

GORGIAS Es hat dir ja auch gut getan! Es war mit Händen zu greifen, wie dich die Begeisterung dieser Gruppe erfüllte und veränderte: Deine alten Skrupel, deine frühere Unentschlossenheit – wie weggeblasen! Du wurdest fröhlicher, selbstbewußter, liebevoller, einfach lebendiger! Und was du aus der Gruppe erzähltest, hörte ich immer mit Spannung und Bewunderung – bei allen Vorbehalten, die ich persönlich habe: wie ihr dort die neue Gesellschaft probt, mit unglaublicher Freiheit die sozialen Ränge über den Haufen werft, Sklaven wie Freie achtet, Frauen wie Männer, Ausländer wie Griechen – ein faszinierendes Experiment.

XENIA Du schilderst das so perfekt. Ich habe dir nicht verschwiegen, wie schwierig es oft in der Praxis war.

GORGIAS Klar, was ist schon vollkommen. Ich wollte dir nur beweisen, daß ich es ernst meine: Es tut dir gut, es baut dich auf, und ich bin der Letzte, der dir deine Gruppe wegnehmen möchte. Aber ich frage mich ebenso ernsthaft: Wo treibt das hin? Und was wird dabei aus uns beiden? Es hat alles seine zwei Seiten. Wenn ich es richtig begriffen habe, sind euch alle Gesetze dieser Welt egal. Ihr macht eure eigenen. Es ist z. B. noch nicht raus, wie man es bei euch mit der Ehe hält. Da sprechen die Asketen ein Wörtchen mit, die euch einreden, jede Bindung von Mann und Frau sei unter eurer Würde.

XENIA Das sind ein paar wenige, die aus Überzeugung enthaltsam leben, aber sie bestimmen noch lange nicht die ganze Gemeinde.

GORGIAS Ich trau ihnen nicht. Ich habe da meine Erfahrungen aus meiner Zeit bei den Mysterien. Ich weiß, was für einen moralischen Druck die mit ihrer Abstinenz ausüben können! Und auf eure zwei wichtigsten Idole können sie sich auch berufen: euer Christus war ledig, und der große Paulus hat auch keine Frau.

XENIA Unsinn. Weder Paulus noch Christus wollen die Ehe abschaffen.

GORGIAS Na gut – die Ehe an sich vielleicht nicht. Aber nimm uns beide. Das ist ja auch noch nicht ausdiskutiert, was mit einem wie mir zu geschehen hat, einem Partner, der sich standhaft weigert, eurem Club beizutreten, einem »Ungläubigen«, wie ihr unsereinen nennt.

XENIA Ja, wir hatten da heftige Gespräche –

GORGIAS Beruhigend, zu erfahren, wie ernsthaft ihr in euren Versammlungen über mein künftiges Schicksal diskutiert. Da gibts also zwei Parteien –

XENIA Gorgias, laß dir erklären –

GORGIAS Du hast mir ja immer alles erklärt, Liebling, ich fand das immer sehr entgegenkommend von dir, daß du mich informiert hast – soweit ich es als Ungläubiger fassen konnte. Ich kenne die Positionen – du kannst mich gern korrigieren, wenn ich mich irre: Die einen wollen den eigenen Stall sauber halten. Also: Keinerlei Verkehr mehr mit den ungetauften Hunden – es sei denn, sie bekehren sich. Die andere Partei erinnert sich, daß Euer Christus etwas gegen die Scheidung hatte. Also: Häng dich wie eine Klette an deinen gottlosen Mann und geh ihm so lange auf die Nerven, bis ihm die Luft ausgeht und er sich taufen läßt. Das ist der Stand eurer Diskussion. Richtig?

XENIA Gorgias, ich könnte das alles besser mit dir besprechen, wenn du nicht so zynisch über uns herziehen würdest.

GORGIAS Ich ziehe nicht über euch her. Ich versuche mich nur auf dem Stand der Diskussion zu halten, die sich mit mir und meiner Ehe befaßt und über meinen Kopf hinweg geführt wird. Nein, komm mir nicht damit, daß alles viel einfacher wäre, wenn ich mitkäme in eure Versammlungen! Ich werde keinesfalls einen Kniefall vor euren Aposteln tun, nur damit wir beide friedlich beieinanderbleiben können. Auch du würdest so was verabscheuen, würdest nie deine Überzeugung verraten, nur meinetwegen. Das ist kein Vorwurf, nein, das imponiert mir, aber ich werde mich selbst nicht anders verhalten. Ich werde mich überhaupt nie mehr aus irgendwelchen familiären Rücksichten irgendeiner religiösen Gruppe ausliefern. Mit Mühe und Not habe ich die Götter meiner Kindheit hinter mich gebracht, Vaters verstaubte Strammhalte-Moral, Mutters ängstliche Zeichendeuterei, tausend Regeln, Rücksichten, Vorsichtsmaßnahmen, Opfer und Gebete, um die Götter zu besänftigen und die Mächte zu bändigen. Und dann meine mißglückten religiösen Gehversuche bei den Gurus der Mysterien: Befreiung suchte ich, Xenia, Erlösung aus Zwang und Enge und Dummheit, verstehst du, aber berauscht von den frommen Höhenflügen merkte ich viel zu spät die neue Abhängigkeit, die raffinierte Diktatur der Gurus – ich schäme mich jetzt noch, wenn ich zurückdenke. Schluß. Nie mehr! Das habe ich mir geschworen. Ich liefere mich nicht mehr aus. Keinem Gott, keinem Guru, keinem Apostel. Und deine Leute sind um kein Haar anders, das kannst du mir glauben. Sie werden dir unmerklich die Überzeugung einflößen, daß nur eines zählt: ihre Lehre, ihre göttliche Autorität, sie selbst. Und eines Tages wirst du all das Unmaßgebliche draußen, zum Beispiel mich, fallen lassen wie Müll.

XENIA Bist du fertig mit deinen »Tatbeständen«?

GORGIAS Ja, vorläufig bin ich am Ende.

XENIA Dann werde ich dir einen »Tatbestand« mitteilen, nach dem du offenbar gar nicht fragst. Wofür hältst du mich eigentlich? Für eine Puppe, bei der man nur am Faden ziehen muß? Für ein willenloses Werkzeug irgendwelcher Meinungsmacher? Daß ich in der Gemeinde ein Wort mitzureden habe, das geht wohl in deinen Kopf nicht hinein. Daß ich mir meine eigenen Gedanken mache, und daß die andern sie achten und danach fragen – mehr als du! – damit rechnest du wohl nicht, bei allen Beteuerungen, wie selbstbewußt das schüchterne Mädchen, das du einst geheiratet hast, inzwischen geworden ist! So, und jetzt kann ich es dir endlich sagen, ob du es hören willst oder nicht: Ich habe mich heute entschieden, bei dir zu bleiben!

GORGIAS Du hast dich – was?

XENIA Ich habe mich für dich entschieden. Wenn auch du bei mir bleiben willst.

GORGIAS Aber das heißt doch, daß du zuvor unentschieden warst!

XENIA Ja, allerdings, das heißt es. Ich habe

mir lange und oft überlegt, ob es nicht besser wäre, wir trennen uns. Nicht so, wie du mir unterstellst, daß ich eines Tages plötzlich verschwunden wäre. Ich hätte versucht, mit dir zusammen eine gute Lösung zu finden. Es kam mir vor, als lebten wir in zwei Welten, du und ich. Du konntest meinen Glauben schlecht ertragen – ja, ich weiß, immer hast du betont, wie gut mir die Gemeinde tut. Wahrscheinlich ahnst du nicht, wie mich dieses gönnerhafte Wohlwollen nervt und wie mich deine spitze Ironie verletzt. Ich habe dir immer von der Christusgemeinde erzählt, alles was mich erfüllt hat und was mir wertvoll war, habe ich dir mitgeteilt – natürlich auch, weil ich dich gewinnen wollte, weil ich glücklich wäre, wenn du mit mir an Christus glauben könntest. Ich weiß inzwischen, daß du da allergisch reagierst, und ich habe vielleicht auch besser verstehen gelernt, warum du dich so wehrst. Aber das war manchmal so unerträglich für mich, daß es mir einleuchtete, wenn einige in der Gemeinde sagten: »Du kannst nicht zweien zugleich angehören. Entweder du gehörst Christus an, oder diesem Ungläubigen. Beides geht nicht.«

GORGIAS Ich habs doch gewußt!

XENIA Nichts hast du gewußt, Gorgias. Nichts davon, wie es mich hin- und hergerissen hat zwischen der Liebe zu Christus und der Liebe zu dir! Es war ein harter Kampf, bei dem du mir oft in den Rücken gefallen bist. Das sollst du ruhig wissen, jetzt, da ich mich entschieden habe, deine Frau zu bleiben!

GORGIAS Und heute, ganz plötzlich, ist die Entscheidung gefallen?

XENIA Ich sagte dir doch, daß ich lange und gründlich darüber nachgedacht habe. Ich war mir fast im Klaren. Und der Brief hat mir heute die letzten Zweifel genommen.

GORGIAS Was für ein Brief?

XENIA Paulus hat uns geschrieben. Er hat auf unseren Brief geantwortet. Du erinnerst dich vielleicht: Einige aus der Gemeinde haben ihn gefragt wegen der Asketen mit ihrer Abstinenz und auch wegen der Ehe mit Außenstehenden.

GORGIAS Paulus hat entschieden?

XENIA Er hat uns seine Sicht mitgeteilt.

GORGIAS Und? Welcher Partei gibt er recht?

XENIA Zunächst geht er auf die Forderung der Asketen ein. Er halte sehr viel vom ehelosen Leben, schreibt er, er selbst bevorzuge es auch, ungebunden zu sein und allein Christus zu dienen, und bei den Schwierigkeiten, die auf uns zukommen werden, sei es für alle ein Vorteil.

GORGIAS Hab ichs nicht gesagt? Er hält es mit den Asketen!

XENIA Warte! – Im übrigen, schreibt er, sei Abstinenz eine Fähigkeit, zu der einige von Gott begabt sind. Andere seien von Gott dazu begabt, mit einem Mann oder mit einer Frau zu leben.

GORGIAS Er gibt beiden recht! Diplomatisch, oder?

XENIA Paulus und diplomatisch? Da muß ich wirklich lachen! Wir wünschten manchmal, er wäre es wenigstens ein bißchen! Nein, er geht davon aus, daß jeder Mann und jede Frau eine besondere Gabe von Gott mitbekommen. Es wäre Vermessenheit – oder einfach Krampf – wenn wir anders leben wollten, als es unserer Gabe entspricht.

GORGIAS Und du hast erkannt, daß Askese nicht deine Gabe ist?

XENIA Das müßtest du eigentlich in den Jahren unserer Ehe mitgekriegt haben.

GORGIAS Doch, wirklich, das hab ich mitgekriegt. Wenn du hier einem Ungläubigen ein Urteil zubilligst. Also die Asketen hätten wir dank Paulus vom Hals. Aber was schreibt er zu solchen Mischpaaren wie uns?

XENIA Zunächst bestätigt er, was Jesus tatsächlich gesagt hat: Eine Frau soll sich nicht von ihrem Mann scheiden, und ein Mann soll seine Frau nicht davonschicken.

GORGIAS Es sei denn, der Partner ist ungläubig und drangsaliert seine Frau mit Ironie und gönnerhaftem Wohlwollen.

XENIA Nein, du Scheusal. Er hat unsere Ehe eben nicht als unmaßgeblich erklärt – wie du es ihm unterstellst – und er hat vor allem deine Mitsprache nicht übergangen.

GORGIAS Meine Mitsprache?

XENIA Du hast doch was zu sagen, wenn es um uns beide geht, oder nicht? Wenn eine Frau einen ungläubigen Mann hat, schreibt er, und er will weiterhin bei ihr wohnen – hörst du? – so soll sie sich nicht von ihm trennen. Also, du ungläubiger, mißtrauischer Mann, du bist gefragt: Willst du weiterhin mit mir zusammenleben?

GORGIAS Ja – Moment – aber was ist mit den zwei Welten, in denen wir leben, mit der Gefährdung deines Glaubens durch meinen Einfluß –

XENIA Gorgias, du wirst meinen Glauben nicht mehr gefährden. Hör zu – und sei jetzt bitte nicht ironisch. Was ich dir erzählen will, ist mir sehr kostbar! – Das Wichtigste, das Ausschlaggebende in der Stellungnahme des Paulus war seine Begründung. Ich habe sie mir wörtlich gemerkt, weil sie mich so begeistert: »Denn«, schreibt er, »der ungläubige Mann ist geheiligt durch die gläubige Frau, und die ungläubige Frau ist geheiligt durch den gläubigen Mann.«

GORGIAS Also bei allem Respekt, aber wenn ich »geheiligt« höre, das erinnert mich verdammt an meine Bekehrung bei den Mysterien. Ich versteh es auch nicht ganz: Will er mich denn über deine Mitgliedschaft zum unfreiwilligen Mitglied seines Vereins machen?

XENIA Nein, Gorgias, niemand will dich über deinen Kopf hinweg vereinnahmen. Für *mich* ist diese Erkenntnis wichtig. Bisher dachte ich, wir beide leben beieinander, haben Kinder, lieben uns, streiten uns, aber im Tiefsten sind wir getrennte Leute: Ich habe Gottes Güte erfahren, du nicht. Ich gehöre durch die Taufe zur neuen Welt, die Christus vollenden wird, du quälst dich mit der alten Welt, die vergehen wird, und mit ihren Göttern. So habe ich mir das bisher vorgestellt, und es hat mir schwer zu schaffen gemacht. Heute ist mir aufgegangen, daß ich Gottes Liebe viel zu kurz angesetzt hatte – und deshalb auch von unserer Liebe zu wenig gehalten habe. Ich brauche dich jetzt nicht mehr wie einen Fremden anzusehen, so als ob Gott dich nicht lieb hätte – als ob er dich weniger lieb haben könnte als ich!

GORGIAS Bist du sicher, daß du Paulus richtig verstanden hast?

XENIA Ja. Ganz sicher. Das ist doch auch bei unsern Kindern so, daß sie in Gottes Gemeinschaft hineingehören, auch wenn sie wenig verstehen und kein Glaubensbekenntnis ablegen können.

GORGIAS Aber, Xenia, nur mal angenommen, es hätte ja auch anders sein können: daß sich Paulus auf die andere Seite geschlagen hätte, daß er theologisch eindeutig nachgewiesen hätte, daß eine Christusanhängerin nur noch Christus gehört und keinem andern Mann. Was hättest du gemacht?

XENIA Oh, ich hätte mit ihm gestritten, so wie ich bisher schon mit allen gestritten habe, die uns beide trennen wollten! Ich hätte die Schriften durchforscht und Gott bestürmt, daß er mir den Geist der Erkenntnis gibt – und gestritten.

GORGIAS Mit dem großen Paulus hättest du dich angelegt?

XENIA Ja; bei der nächsten Gelegenheit. Mit Paulus kann man vortrefflich streiten. Er kämpft unbeschreiblich leidenschaftlich. Nie ist er so eindringlich, so verletzbar, so ganz er selbst, wie wenn er streitet. Man spürt ihm einfach ab, wie ernst ihm seine Botschaft ist!

GORGIAS Das habe ich dann also mit dem großen Apostel gemeinsam: Streiten kannst du mit mir und mit ihm.

XENIA Du sagst das ein bißchen traurig, oder?

GORGIAS Ja. Denn der Unterschied ist: Wenn Paulus streitet, ist es hinreißend, und du spürst ihm deutlich ab, wie ernst er es meint. Wenn ich mit dir streite, ist es ironisch, zynisch und gönnerhaft.

XENIA Ach Gorgias, du bist halt mein Mann,

und Paulus nicht. Bei meinem Mann geht mir vieles empfindlicher unter die Haut. Du hast mir übrigens immer noch keine Antwort gegeben: Willst du mein Mann bleiben?

GORGIAS Ich wünschte, du könntest mir abspüren, daß ich es will, und wie ernst es mir damit ist.

XENIA Komm, Lieber, laß es mich spüren. Aber sag es mir auch.

GORGIAS Wenn du es aushältst, daß ich deinen Glauben immer noch mit Skepsis betrachte –

XENIA Wenn du es aushältst, daß Christus mein Leben ist, und du mein Mann –

GORGIAS dann will ich bei dir bleiben all die Jahre unseres Lebens.

XENIA dann will ich bei dir bleiben all die Zeit, die Gott uns noch läßt.

Originaltexte: 1. Korinther 7,1–16; 25–40.
Die Namen Xenia und Gorgias sind frei erfunden.

NACHRUF

Nun haben sie dich also doch getötet, Paulus, mein Bruder, so sehr wir gehofft und gebetet haben, daß du frei kommen würdest. Heute haben wir dich begraben. Alle Brüder und Schwestern von Rom waren da, viele kamen von weit her, und wir weinten um dich – obwohl wir wußten, daß du dich danach gesehnt hast, ganz bei Christus zu sein, wo du jetzt bist, wo die Bruchstücke dieser Welt von dir abfallen und alle Liebe sich in Gottes Liebe vollendet. Voll Traurigkeit waren wir, trotz der Auferstehungslieder, die wir sangen: »Tod, wo ist dein Stachel? Hölle, wo ist dein Sieg?« – dein Jubelruf, Paulus! Wir stimmten ihn an, und er verband uns mit dir, hob uns hoch zum Jubel der Engel, in den du jetzt einstimmst. Aber das Lied klang aus, und da standen wir, ein verlassenes Häuflein, verwaist, bedrückt. Inzwischen sind alle nach Hause gegangen, sitzen wohl noch da und dort in den Häusern beisammen, tauschen Erinnerungen, reden über dich...

Ich hab es zuhause nicht ausgehalten. Mußte noch einmal hierher zu dir, an dein Grab, Bruder Paulus, muß dir jetzt etwas sagen, was ich lange schon mit mir schleppe, was ich mit dir besprechen wollte, aber nicht wagte. Ich weiß, jetzt ist es zu spät, dein

Leichnam unter diesem Erdhügel hört mir nicht zu. Das schmerzt mich. Feige war ich. Hundertmal habe ich mir vorgenommen: Heute, heute bring ichs zur Sprache! – und es dann doch verschoben. Hundertmal habe ich dich besucht – der Polizist vor deinem Quartier nannte mich schon deinen kleinen Verehrer – jede Gelegenheit habe ich ausgenützt: Wenn andere zu dir gingen – ich schloß mich an. Wenn du Lebensmittel oder Kleider brauchtest – ich trug sie hin. Über alles Mögliche haben wir gesprochen, über wichtige Dinge: Glauben und Leben der Gemeinde, Schriftauslegung und Theologie – nicht über mich und jene Stelle in deinem Brief, die mir so zusetzt.

Auch wenn es zu spät ist: Ich will dir berichten, wie es um mich steht, und wie das war, als dein Brief bei uns ankam. Ich sehe uns noch sitzen in Priskas und Aquilas Haus, voll Erwartung, denn wir wußten, daß du uns geschrieben hattest. Ich höre noch Urbans Stimme, als er in die Stille hinein zu lesen begann: »Paulus, Knecht Jesu Christi, berufen zum Apostel, ausgesondert, das Evangelium Gottes auszurufen ...« Und ich spürte die Wärme in mir aufsteigen, als Urban weiterlas: »Ich schäme mich des Evangeliums nicht; denn es ist eine Kraft Gottes, die Rettung bringt allen, die daran glauben.« Ja, das hatte auch ich erfahren: wie kraftvoll die Botschaft vom lebendigen Christus mein Leben verändert, bereichert, befreit hat! In diesem Augenblick spürte ich nur einen Wunsch: mit dir, lieber Paulus, zusammenzuarbeiten, als dein Gehilfe, dein Freund diese Gotteskraft weiterzutragen, daß immer mehr Menschen von ihr erfüllt würden!

Und dann kam der Schock: Plötzlich war in deinem Brief von Gottes Zorn die Rede, von Gottlosigkeit und finsteren Machenschaften der Menschen, und Urban las: »Darum hat Gott sie dahingegeben in schändliche Leidenschaften; denn ihre Frauen haben den natürlichen Verkehr vertauscht mit dem widernatürlichen; ebenso haben auch die Männer den natürlichen Verkehr mit der Frau verlassen und sind in Begierde zueinander entbrannt und haben Mann mit Mann Schande getrieben.«

Es hat mir wohl niemand etwas angemerkt, aber ich hatte große Mühe, die Fassung zu behalten. Starr saß ich da, taub für den Rest deines Briefes. Mechanisch feierte ich mit den übrigen das Mahl, bewegte die Lippen bei den Lobgesängen, ohne einen Ton herauszubringen. Als endlich alles vorüber war, verabschiedete ich mich, so höflich es ging, und lief hinaus. Stundenlang stolperte ich ziellos durch die Gassen, krank vor Enttäuschung.

Ja, Bruder Paulus, so einer bin ich, der »Mann mit Mann Schande getrieben« hat. So einer bin ich – und doch auch wieder nicht, denn was du da geschrieben hast, trifft nicht mein Leben, wie es wirklich aussieht. Ich erkenne weder mich noch meine Freunde in dem Zerrspiegel, den du uns vorhältst. Ich frage dich: Hast du je mit einem Mann gesprochen, der sich nach Männern sehnt und nicht nach Frauen? Hast du dir einmal erzählen lassen, was ihn wirklich bewegt, worunter er leidet, wie er lebt und liebt? Ich bin sicher, du kennst nicht einen einzigen. Gewiß, du kennst viele von uns, aber ohne es zu wissen und ohne dich wirklich berühren zu lassen. Sonst hättest du anders geschrieben.

Deswegen wollte ich ja mit dir sprechen. Ich dachte: Einer, der sich auskennt, muß dir doch aus eigener Erfahrung Bescheid geben! Es ist ein Verhängnis, dessen Folgen man sich kaum ausmalen kann, wenn ein so einflußreicher Apostel wie du über Menschen öffentlich urteilt, die ihm lediglich aus Lasterkatalogen geläufig sind! Dein Brief ist schließlich keine Privatsache. Er wird bereits eifrig kopiert und in der ganzen Welt von Gemeinde zu Gemeinde gereicht und gelesen! Einige Lehrer kommentieren ihn schon wie die heiligen Schriften! Du hast uns damals geschrieben, um dich vorzustellen und deinen Besuch anzukündigen. Aber inzwischen setzt dieser Brief Maßstäbe weltweit in den Gemeinden! Und mit Recht, denn er enthält wirklich die Fülle des Glaubens. Er ist auch mir ein wertvoller Schatz geworden – abgesehen von dieser verhängnisvollen Stelle –, ich habe ihn abgeschrieben Wort für Wort, und jedesmal, wenn ich darin lese, entdecke ich Neues. Nur das eine Kapitel, das mich betrifft und mit mir noch allerhand andere Männer und Frauen, auch in den Gemeinden, denke ich, dieses Kapitel setzt einen grausamen Maßstab.

Als Symptom der Abgötterei beschreibst du uns, von Gott der Gier ausgeliefert. Wir sind in deinen Augen das Zeichen, mit dem Gott die Menschheit gebrandmarkt hat: »Verkehrt – pervers – allzumal Sünder!« Ich will dich nicht anklagen, Bruder Paulus, denn ich habe es selbst nicht verhindert. Hätte ich es gewagt, ich hätte dich berührt mit meiner Lebensgeschichte. Du hättest die Brandmal-Theorie vergessen und den Menschen wahrgenommen, da bin ich sicher! Vielleicht hättest du eine menschlichere Erklärung gefunden, vielleicht hättest du auch das ungelöste Rätsel gelten lassen, daß es unter Gottes Geschöpfen auch Leute wie mich gibt. Jedenfalls hättest du jenes Kapitel in deinem Brief überarbeitet. Bestimmt, das hättest du!

Ich habe geschwiegen, und du bist gestorben. So kann ich dir nur noch ins Grab nachrufen, vergeblich, es ändert nichts mehr. Trotzdem: ich will dir erzählen, wer ich bin und was Christus aus mir gemacht hat. Vieles war faul in meinem Leben, bevor ich ihn kennenlernte, das ist richtig. Aber die Kraft des Evangeliums veränderte mich von Grund auf: Was ich für erstrebenswert hielt, wie ich meinen

Mitmenschen begegnete, wie ich arbeitete und wie ich plante, wie ich gab und wie ich empfing – mein ganzes Leben wandelte sich, und der Geist Christi weckte in mir ungeahnte Kräfte: Du hast mich ja kennengelernt und weißt, wie reich ich beschenkt worden bin.
Meine Familie distanzierte sich, als ich die Taufe empfing, Freundschaften brachen ab, dafür fand ich in Priskas Haus eine neue Familie und neue Freunde. Das Wunderbarste, das dort seinen Anfang nahm, war, daß ich lieben konnte auf eine Weise, die mir bis dahin verschlossen war: Frei, aus vollem Herzen, ohne Mißtrauen, Berechnung und Ausbeutung. Ich entdeckte staunend, wie liebenswert manche Menschen mir wurden, die ich sonst immer verachtet oder gefürchtet hatte. Ich konnte mich an der Liebe anderer freuen und verlor die Angst, ausgenützt und betrogen zu werden. So befreite mich der Christusgeist, alles in mir verwandelte er. Nur eines ließ er mir: Mein Verlangen nach Männern. Der Geist, der mich zu neuem Leben erweckte, entzündete in mir nicht die Sehnsucht nach Frauen, sondern er befähigte mich, Männern mit wirklicher Liebe zu begegnen. Verstehst du, Paulus?
Diese Gedanken, die ich jetzt einigermaßen geordnet aussprechen kann, waren damals noch unfertig, zart und verletzlich, als dein Brief bei uns eintraf und mich in eine Krise stürzte, die ich nicht noch

einmal durchleiden möchte. Am Ende jener Nacht, als der Morgen schon dämmerte, wußte ich eins: Ich glaube dir *nicht!*

Das hieß zunächst: Ich glaube dir überhaupt nichts mehr. Alles war Betrug: Das Evangelium, das alle rettet, die glauben; der Geist, der zur Liebe befreit; die Hoffnung auf neues Leben. Viele Wochen lang war mir der Glaube verhaßt, und auch dich, Paulus, haßte ich wie einen Todfeind. Nicht daß ich die Gemeinde verlassen hätte, nein, ich hielt regelmäßig Kontakt, spielte den freundlichen Glaubensgenossen, aber hinter meinem Lächeln verbarg ich ohnmächtige Verzweiflung und die immer wiederkehrende Versuchung, mein Leben zu beenden. Nachts suchte ich heimlich alte Freunde auf, fand aber keinen Trost bei ihnen. Auch sie waren mir fremd geworden.

Ich weiß nicht mehr, wie lange diese Hölle dauerte und woher endlich die Kraft kam, neu zu beginnen. Vielleicht ist der Geist meiner Schwachheit zuhilfe gekommen und hat in meinem wirren Seufzen Gott angerufen, und Gott hat verstanden, besser als alle, besser als ich selbst. Jedenfalls überkam mich eines Tages eine Art Trotz, und ich sagte: Paulus, ich glaube dir nicht! Ich glaube dir vieles, aber das eine nicht. Deine Ansicht über die Liebe von Männern zu Männern und von Frauen zu Frauen übernehme ich nicht von dir. Und ich lasse nicht

zu, daß mich diese deine Ansicht von Christus trennt!
Ich begann ganz von vorn. Überprüfte, was ich vor meiner Taufe gelernt hatte. Studierte die heiligen Schriften. Suchte das Evangelium kritischer und leidenschaftlicher zu begreifen als damals im Überschwang meiner Bekehrung. Endlich las ich auch deinen Brief gründlich zuende und holte mir Argumente daraus für meine innere Auseinandersetzung. Ja, ich führte dich selbst gegen dich ins Feld, die göttliche Kraft deines Evangeliums gegen die menschliche Schwäche deiner theologischen Denkmuster: Wer will uns scheiden von der Liebe Gottes? Trübsal oder Angst, Gesetze oder Vorurteile, Paulus oder irgendein anderer Apostel? Wer will die Auserwählten Gottes beschuldigen? Wer will verdammen? Christus ist hier und vertritt uns, auch gegen Paulus, wenn nötig!
Als ich hörte, daß du nach Rom unterwegs warst, brannte ich darauf, all dies mit dir zu besprechen. Aber als ich dich sah, verließ mich der Mut. Es war wohl die Angst, noch einmal von dir verstoßen zu werden. Sie sitzt tief. Wohl hatte ich bei mir selbst entschieden, meinen Glauben unabhängig von deiner Meinung festzuhalten. Aber es ist dann doch etwas anderes, vor dir zu stehen und nicht zu wissen, ob du mich noch ansehen kannst, wenn du alles weißt. Und als du wie ein Freund zu mir warst und

ich dich mehr und mehr lieb gewann, wurde die Angst nur noch größer. So habe ich es also nicht geschafft, mit dir über mich zu reden. Du hast mir trotzdem geholfen, meinen Glauben zu festigen und mich so, wie mich Gott geschaffen hat, mitsamt meinem Verlangen nach Männern, Christus anzuvertrauen.

Ich danke dir, Paulus, lieber Bruder. Daß du uns verläßt, tut mir elend weh. Mit dir stirbt meine Hoffnung, mit den Geschwistern zu teilen, was ich unter Schmerzen erkannt habe. Ich werde weiterhin in der Gemeinde mitarbeiten, geliebt und geachtet, und allen wird verborgen bleiben, wer ich wirklich bin. Nachdem ich es dir nicht offenlegen konnte, werde ich es ganz in mir verschließen. Du weißt, ich habe eine Aufgabe übernommen: Ich erzähle den Kindern, was Christus getan hat. Ich liebe diese Arbeit, es ist meine besondere Gabe, und die Kinder hängen an mir. Ich will diese Aufgabe nicht verlieren, und ich brauche die Geschwister. Würde ich ihnen meine Neigung zu Männern erklären, sie würden mich kaum mehr ertragen. Das mindeste wäre, daß sie die Kinder von mir fernhielten, und einige würden meinen Ausschluß fordern – und dabei deinen Brief zitieren. Das riskiere ich nicht. Als mein Freund sich taufen ließ, umarmten ihn viele. Ich nicht. Die Scheu war zu groß. Niemand darf wissen, wie weit unsere Liebe geht. Ja, so ist das, Paulus,

und jetzt, da du nicht mehr bei uns bist, wird es sicher nicht leichter für mich. Die Brüder, die du »die Schwachen« genannt hast, die du unserer Rücksicht empfohlen hast, sind inzwischen recht stark. Ich fürchte sie.
Paulus, mein Bruder, fast beneide ich dich. Du bist mir dahin vorausgegangen, wo all unsere Liebe, wie sie auch sei, von Gottes Liebe innig umfangen ist. Ich bleibe zurück.

Originaltexte: Römer 1,1; 1,16; 1,18–27; 3,23; 8,26–27; 8,33–35; 14,1–15,7. 1. Korinther 15,55. Philipper 1,23.

KLAGELIED EINES BISCHOFS

Ein Psalm des Timotheus,
des Sohnes der Eunike, des Enkels der Lois,
als sie ihn zum Bischof gemacht hatten.

Einsam ist meine Seele
und Zweifel ficht meinen Geist an,
denn das Amt haben sie mir gegeben:
Einigen soll ich, ordnen und schlichten
mit starker Hand und erhobenem Finger.

Es war wohl nötig so, Herr Gott im Himmel,
denn die Verwirrung war schlimm
unter den Christen:
Junge stritten wider die Alten,
Frauen maßregelten ihre Männer,
Dienstboten führten das große Wort,
Witwen entwarfen Kirchenreformen,
lauthals verkündete jeder,
was irgendein Geist ihm eingab.
Zum Gespött wurden wir
unter den Ungetauften,
leichte Beute für alle,
die uns was anhängen wollten,
Zielscheibe für die Schikanen des Staates.

Ja, es war nötig
– Herr, Gott im Himmel, Du weißt es! –

einen Bischof zu setzen über die Gemeinden,
einen ehrbaren Mann, zu dem alle aufschaun,
dem man nichts nachsagen kann,
der sich im eigenen Hause bewährt hat
als Vater und Haupt der Seinen,
der die Streitenden mahnt,
die Verwirrten ermutigt,
der entscheidet, was recht ist,
der die Kirche vertritt vor der Welt
mit seinem Wort,
mit seinem Leben.

Und, Herr, gelobt sei Dein Name,
wir haben manches erreicht:
Querköpfe fügten sich,
achteten Einigkeit höher als Rechthaberei,
Unbelehrbare wurden verstoßen,
ihre Ideen zu Irrlehren erklärt:
Man weiß jetzt unter den Christen,
was wahr und was falsch ist,
und die Gemeinde zeigt sich der Welt
als große Familie:
einig, geordnet, vorbildlich.
Jedenfalls weithin.

Und doch – Gott im Himmel,
ich sollte Dich preisen,
aber mir ist nach Klagen zumute,
seit sie mir dieses Amt übertrugen,

seit sie sich beugen vor mir
um der Einigkeit willen.
Nicht daß ich die Aufgabe scheute:
Ich wußte, worauf ich mich einließ,
als sie mich wählten:
Immer noch schwelende Flügelkämpfe
gilt es zu dämpfen,
schmal wird der Weg sein zwischen den Wünschen
der Alten, der Jungen, der Männer, der Frauen,
der Herren, der Knechte und Mägde.
Zerren werden an mir
die Ungeduldigen links und die Ängstlichen rechts
und dazwischen die Neunmalklugen,
die es immer schon besser wußten.
Kraft wird es kosten, das war mir schon klar,
als sie mich fragten. Und »ja« sagte ich
im Vertrauen auf Dich, allmächtiger Gott.

Jetzt aber wird mir angst,
und ein Zweifel, lange schon in mir verborgen,
drängt sich mir auf:
Brauchst Du mich so, mein Gott,
als Schlichter, als ordnender Vater?
Kannst Du Deine Gemeinde so brauchen,
wie ich sie leiten soll:
einig, geschlossen und untertänig?

Wenn ich Deine Geschichte studiere,
von Abraham an: War da nicht Streit

zwischen Hagar und Sara, seinen zwei Frauen?
Und Du hast die Nachkommen beider
zu Völkern gemacht.
Hat denn nicht Jakob
den Zwillingsbruder betrogen?
Mußte er nicht fliehen vor Esaus Wut?
Hat nicht Josef, der Liebling des Vaters,
seine Brüder gereizt mit vermessenen Träumen?
Haben sie ihn nicht beneidet, gehaßt,
als Sklaven verschachert,
und dem Vater den blutigen Rock hingelegt?
Du fuhrst nicht dazwischen
mit starker Hand und erhobenem Finger.
Du ließest sie finstere Pläne aushecken
und kamst an Dein Ziel, machtest Deine Geschichte.

Hatten die Jünger etwa keinerlei Sorgen
um Stellung und Einfluß?
Schickten nicht zwei ihre Mutter zu Jesus,
um ihnen die Ehrenplätze zu sichern?
Tobten sie nicht, die übrigen zehn,
als sie erfuhren, was da gespielt werden sollte?
Haben nicht auch die Apostel gestritten,
Petrus und Paulus, vor aller Ohren,
weil man in Jerusalem lieber noch Abstand
zu den unbeschnittenen Christen bewahrte?
Gab es denn *einen* friedlichen Tag in Korinth,
als Paulus noch lebte,

und all die andern Apostel,
die Größeres bieten wollten als er?
Du ließest sie kämpfen und wüten und eifern
und fuhrst nicht dazwischen
mit starker Hand und erhobenem Finger.

Du nahmst es hin, daß Zwietracht und Neid war
in Deinem Volk, in Deiner Gemeinde,
zwischen Geschwistern, zwischen Aposteln.
Du wußtest,
wie überraschend es war für die Deinen,
von Dir erwählt zu sein, von Dir geliebt,
und wie schwer, dieses Glück zu teilen
mit Brüdern und Schwestern.
Der Weg Deines Geistes ging kreuz und quer
mitten durch Menschlichkeiten,
Anstößiges wurde zum Schauplatz des Lebens,
Ungehöriges
zum Mutterboden der neuen Schöpfung.
Wer bin ich, daß ich nun Ordnung schaffe
mit starker Hand und erhobenem Finger?

Lois, die Großmutter,
als junges Mädchen weggerannt
aus dem Haus ihrer Eltern,
um sich taufen zu lassen,
betete in Zungen
öffentlich, unter Männern und Frauen,
die ihr das »Amen« zuriefen.

Eunike, die Mutter,
weissagte in der Gemeinde,
und die Ältesten hörten auf sie,
Gelehrte setzten sich auseinander mit ihr.
Heute: Die Frau, die ich liebe, die eine,
beugt sich wie alle, als erste,
verstummt, zum Vorbild geworden.
Zuhause die Töchter senken den Blick
in undurchsichtiger Demut.
Der Sohn gehorcht mir aufs Wort –
und probt an den Schwestern, wo möglich,
männliche Macht.

Das alles drückt meine Seele,
mein Gott, mein Vater,
jetzt, da sie mir dieses Amt übertrugen,
und ich zweifle trotz aller Gebete,
die sie über mir sprachen,
zum ersten Mal, seit meiner Taufe,
zweifle ich, ob das Dein Weg ist
mit mir, mit den Meinen, mit den Deinen.
Vater, nimm mir den Zweifel!
Nein. Laß mir den Zweifel!

Originaltexte: 1. Timotheus 1,3–11; 2,8–15; 3,1–7; 4,1–16; 5,1–6,2; 2. Timotheus 1,5. 1. Mose 16; 27–28; 37; 50,19–21. Matthäus 20,20–28. Galater 2,11–21. 2. Korinther 11.

NACHWORT: GOTTES LIEBE UND DIE LIEBE DER MENSCHEN

Eigentlich ist die Bibel eine einzige Liebesgeschichte. Sie erzählt die Geschichte der Liebe Gottes zu seinen Geschöpfen: Wie er sich an ihnen freut und sie ihm zujubeln vor Glück, diesen liebevollen Gott zu kennen und von ihm erkannt zu sein. Wie sie, die Menschen, Gottes Liebe mißverstehen, vergessen, mißachten, mit Füßen treten. Wie er, Gott, schwer getroffen von der menschlichen Verweigerung, im Zorn alles zerstören möchte, was er angefangen hat, und dann doch die Liebe nicht aufgibt, immer neue Wege zu seinen Geliebten sucht, plant, wirbt, sich selbst riskiert. Wie Menschen von dieser beharrlichen, bis zum letzten gehenden Liebe überwältigt, begeistert, angesteckt werden. Die ganze Bibel erzählt die Liebesgeschichte von Gott und von uns.

Dazwischen, darunter, im Zentrum und am Rande dieser großen göttlichen Liebesgeschichte lieben auch Menschen einander: Männer und Frauen, Freundinnen, Freunde, Geschwister, Kinder und Eltern. Auch ihre Geschichten erzählt die Bibel: Liebes-Geschichten – nicht nur in der engen, klischeehaften Bedeutung der ersten Verliebtheit, sondern Geschichten liebender Menschen mit ihren

Höhen und Tiefen. Auch Beleidigung und Beschuldigung, Streit und Trauer gehören zum Alltag der Liebenden. Daß dies alles so sehr schmerzt, zeigt an, daß sich Liebe dahinter verbirgt, oder zumindest die Sehnsucht danach. Dies gilt auch für Gottes Liebesgeschichte mit uns: Manche »Gerichtstexte« der Bibel, die uns in ihrer Härte bedrücken, bekommen einen neuen Klang, wenn wir die bittere Enttäuschung des liebenden Gottes darin und dahinter entdecken.

Man hat die beiden Liebesgeschichten bisweilen streng auseinanderhalten wollen, so als hätten die Liebe Gottes und die Liebe zweier Menschen nichts miteinander zu tun. Gewiß können wir sie nicht einfach verwechseln. Aber eine allzu säuberliche Trennung tut unserem Verständnis von beiden nicht gut. Gottes Liebe wird dadurch leidenschaftslos, und menschliche Leidenschaft wird dadurch für den Glauben belanglos.

Die biblischen Zeugen sprechen eine andere Sprache. Sie zeichnen Gott leidenschaftlich, umgetrieben von den Auseinandersetzungen mit Israel, sehnsüchtig nach Gegenliebe. Am eindrücklichsten tun das wohl die Propheten, wenn sie das Bild einer verfahrenen Liebesbeziehung wählen, um Gottes Enttäuschung und Hoffnung auszudrücken (Hosea 1–2, Jes. 5,1–7, Jer. 2,2, Hes. 16, Jes. 54,4–10, Jes. 62,4–5). Auch Jesus liebt leidenschaftlich, mit

Leib und Seele. Die Evangelien schildern ihn außer sich vor Freude über die »Unmündigen«, bei denen Gottes Liebe angekommen ist (Luk. 10,21), zärtlich zu den Kindern (Mark. 10,16), weinend über die Menschen von Jerusalem, die blind sind für sein Werben (Luk. 19,41). Jesus wütet beim Anblick derer, die mit Gottes Liebe Geschäfte machen (Matth. 21,12–13), und als ihn eine Frau in der Öffentlichkeit liebkost, sieht er in ihren Küssen eine Frucht der Vergebung Gottes (Luk. 7,36–50).

Wo Gottes Liebe so spürbar-menschlichen Ausdruck findet, da kann auch umgekehrt menschliches Lieben und Leiden nicht belanglos sein. Im Gegenteil: Die biblischen Erzähler, vor allem im Alten Testament, wenden sich ausgiebig den unglaublichsten Geschehnissen zu. Keine Einzelheit scheint ihnen nebensächlich. Zum Beispiel werden allein von David eine Fülle von Beziehungen geschildert, jede einzig in ihrer Art: Wir hören von Michals Liebe, die David politisch gelegen kam (1. Sam. 18 ff), und von seiner Jugendfreundschaft mit Jonatan (1. Sam. 18–20), dessen Liebe ihm »wundersamer als Frauenliebe« gewesen ist (2. Sam. 1,26); wir erleben, wie er sich von der klugen Abigajil beeindrucken läßt (1. Sam. 25), und wie er Batseba begehrt und zum Mörder ihres Mannes wird (2. Sam. 11–12); wir nehmen Anteil an seinem verzweifelten Kampf um das Leben seines Kindes (2. Sam. 12,15 ff) und an seiner

Trauer um den aufständischen Sohn Absalom (2. Sam. 13–18). Reich an solchen Schilderungen sind auch die Väter- und Müttergeschichten Israels, von Abraham, Sara und Hagar bis zu Josef, seinen Brüdern und deren Frauen, Töchtern und Söhnen (1. Mose 12–50). Weitere Geschichten sind im ganzen Alten Testament verstreut. Sie werden überliefert als Bestandteile der großen Geschichte Gottes mit seinem Volk, nicht abseits davon, sondern mit ihr verflochten und verwoben. Es ist für unser Auge nicht immer einsichtig, was diese allzu menschlichen Beziehungen und Verwicklungen denn beitragen oder aussagen für den Heilsplan Gottes. Denn nicht etwa Musterbeispiele werden uns vorgeführt, die eine vorbildliche Liebe zwischen Partnern und Generationen demonstrieren könnten. Die geschilderten Familienbeziehungen wirken ausgesprochen gewöhnlich, krisenanfällig, von Eifersucht und Kränkung durchzogen, manchmal gewalttätig, gelegentlich absonderlich oder unreif, wie Simsons erster Heiratsversuch (Richter 14). Manchmal werden die Handlungen kritisiert, z. B. Abrahams Notlüge (1. Mose 12,10 ff), Davids Ehebruch und Mord (2. Sam. 12) oder Tamars Vergewaltigung durch ihren Halbbruder Amnon (2. Sam. 13,12). Die meisten Geschichten haben aber keine »Moral«, sondern leben von der liebevollen Aufmerksamkeit der Erzähler für das, was geschieht, so als wollten sie sagen:

Schaut her, dies alles ereignet sich im Volke Gottes. Die biblischen Geschichten laden uns ein, unseren zwischenmenschlichen Alltag, unsere Liebe mit ihren Verwirrungen und Ärgernissen und mit ihrer Lust und Freude wichtig zu nehmen als Wegstrecke, die Gott mit uns geht.
Das Neue Testament ist mit derartigen Erzählungen zurückhaltender als das Alte. Wenn wir hier Geschichten von liebenden Menschen suchen, stoßen wir oft nur auf Hinweise und Andeutungen. Die Erzähler konzentrieren sich ganz auf Jesus, sein Leben und Sterben, seine Auferstehung und seine Botschaft. Die Mensch gewordene Liebe Gottes steht im Mittelpunkt, und die »privaten« Verhältnisse der beteiligten Männer, Frauen und Kinder werden meist nur am Rand erwähnt. Petrus z. B. war bereits verheiratet, als er mit Jesus durchs Land zog. Wir hören aber in den Evangelien nichts von seiner Frau. Daß er ein Ehemann war, wissen wir nur, weil Matthäus seine Schwiegermutter erwähnt, als Kranke, die Jesus vom Fieber befreit hat. Es gab also eine Ehefrau des Petrus, vielleicht auch Kinder. Was taten die? Zogen sie mit oder blieben sie zuhause? Wer ernährte die Familie, nachdem der Mann nicht mehr fischen ging? Gab es Konflikte oder bereicherte die Erfahrung des Gottesreiches auch die Liebe der beiden? Darüber wird kaum etwas erzählt. Und doch berührte das Christusgeschehen die

Familien, Ehen und Freundschaften intensiv und empfindlich, wie mehrere Hinweise zeigen (vgl. Mark. 1,20; 6,1–6; 10,28–30; Luk. 14,26; Matth. 10,21+34–39).
Markus berichtet, wie Jesus seine Mutter und seine Geschwister abweist, weil er im Kreis derer, die »Gottes Willen tun«, seine eigentliche Familie sieht. Der Evangelist kümmert sich nicht weiter um das Ergehen der Mutter. Er erzählt die Geschichte des Sohnes. Bei ihm und im Kreis der Seinen war Gottes Liebe handgreiflich spürbar. Wie aber ging es der Mutter und den Geschwistern? Und wie mußte es überhaupt auf Außenstehende wirken, wenn Jesus – nicht nur bei diesem Anlaß! – die gängigen Familienbindungen und Rangstufen von Männern, Frauen und Kindern mißachtete?
Das Neue Testament erzählt Liebesgeschichten nicht in derselben Ausführlichkeit wie das Alte Testament. Es bringt die Liebe der Menschen auf andere Weise ins Gespräch. Die ersten christlichen Gemeinden mußten sich bald mit den Fragen der Beziehung zum Partner, zur Partnerin, zur Familie auseinandersetzen. Paulus nimmt z. B. ein ganzes Kapitel lang (1. Kor. 7) zum Thema Ehe Stellung. Nicht allgemein und grundsätzlich, sondern er antwortet auf konkrete Fragen, die aus handfesten Situationen heraus gestellt worden sind. Da die damaligen Empfänger des Briefes die Situationen kennen,

muß Paulus sie nicht beschreiben. So haben wir nur seine Stellungnahme – und die zeigt, wie wichtig er die Fragen nimmt – aber die Geschichten, zu denen er Stellung nimmt, erfahren wir nicht. Wie ging es etwa Ehepartnern, von denen nur einer getauft war? Wie lebten und liebten all die andern, an die oder über die Paulus schreibt? Die Alleinstehenden, die sich vergeblich nach einem Partner oder einer Partnerin sehnten? Die unglücklich Verheirateten? Die Witwen und Witwer? Die Sklavinnen und Sklaven, denen die Herren die Heiratserlaubnis versagten? Die homosexuell veranlagten Christinnen und Christen? Entsprach, was Paulus schrieb, ihrem Leben und ihrer jeweils besonderen Gabe, Liebe zu geben und zu empfangen? Wir haben aus einem Briefwechsel zwischen Paulus und den Christen in Korinth nur die Hälfte vorliegen, nämlich die Antwortbriefe des Apostels. Um das Ganze zu verstehen, müssen wir die fehlende Hälfte rekonstruieren. Sicher wird das Bild, das dabei entsteht, die damalige Wirklichkeit nur sehr ungenau treffen. Aber wir bekommen so die Auseinandersetzungen in den Blick, deren Bestandteil die Korintherbriefe sind. Und damit können die engagierten Beiträge des Paulus lebendigere Gestaltungskraft auch für unsere heutigen Fragen gewinnen, als wenn wir zeitlose Wahrheiten aus ihnen machen würden. Heute wie damals gibt es bei Liebe und Partnerschaft offene Fragen, wider-

sprüchliche Meinungen und ein ehrliches Suchen nach einem gemeinsamen Handeln, das der Liebe Gottes entspricht.
Viele biblische Texte regen uns also an, über sie hinauszufragen nach den Ereignissen, die sie bei ihren Leserinnen und Lesern als bekannt voraussetzen oder aus anderen Gründen nicht erzählen. Im Johannesevangelium ist die Geschichte von der Ehebrecherin überliefert (Joh. 8,1–11), eine der kostbarsten Geschichten der ganzen Bibel. Sie hat aber eine Lücke: Wo ist der Mann geblieben, den diese Frau geliebt hat? Es hatte durch die Kirchengeschichte hindurch verhängnisvolle Folgen, daß kaum jemand über die Geschichte hinaus nach ihm gefragt hat. Es fiel nicht auf, daß er fehlte, und es wurde schließlich als selbstverständlich, ja als gehörig hingenommen, daß die Frau allein angeklagt ist.
In der zweiten und dritten Generation der urchristlichen Gemeinden werden die Beziehungen zwischen Männern, Frauen und Kindern (und den Bediensteten, die zum Haus gehörten), auf wieder andere Weise verhandelt, nämlich in Form der »Haustafeln« (Kol. 3,18–4,1; Eph. 5,22–33; 1. Petr. 2,18–3,7; 1. Tim. 5. Die genannten neutestamentlichen Schriften sind mit einiger Wahrscheinlichkeit relativ spät, nach dem Tod des Paulus, z. T. unter seinem Namen, geschrieben worden). Hier wird nicht mehr für bestimmte Situationen ein für Chri-

sten gangbarer Weg gesucht, sondern ein allgemeines Leitbild der christlichen Familie entworfen. Liebe spielt dabei eine wesentliche Rolle. Im Epheserbrief wird die Liebe des Mannes zur Frau mit der Liebe Christi zur Gemeinde verglichen (Eph. 5,25–33). Die Liebe wird aber zugleich an die Ordnung gebunden, an Überordnung und Unterordnung in der Familie. Die junge Kirche brauchte offenbar, um in einer feindseligen Gesellschaft zu überleben, klare Leitungsstrukturen in den Gemeinden, und diese prägten auch die Familienordnung. Den Frauen wird das Mitspracherecht in den gottesdienstlichen Versammlungen entzogen (1. Kor. 14,34 – dieser Vers wurde wahrscheinlich in späterer Zeit in den Paulusbrief eingefügt; 1. Pt. 3,1–6; 1. Tim. 2,8–15); entsprechend werden sie auch zuhause den Männern unterstellt, ebenso wie die Kinder und das Gesinde.
Wie konnte Liebe gedeihen in diesen patriarchalischen Ordnungen? Aus den biblischen Texten erfahren wir wiederum nur die eine Seite: die Norm, die »vorbildliche« Form. Wie sah die Wirklichkeit aus? Je geschlossener Ordnungen sind, desto weniger fassen sie die Fülle des Lebens und Liebens. Die Haustafeln haben sich über die Jahrhunderte als Muster für die christliche Familie angeboten und vergessen lassen, daß die Geschichten der Liebe – auch in der Bibel – vielfältig und ungestüm sind, daß

sie erfüllt sind von Konflikten und Verletzungen, daß sie die Sehnsucht nach gleichwertiger Gegenliebe in sich tragen, und das heißt nach Überwindung von Herrschaft und Abhängigkeit, daß sie von den Ordnungen der jeweiligen Zeit geprägt sind und zugleich Ordnungen sprengen – und daß sie mit all ihren Widersprüchen und Unberechenbarkeiten in Gottes großer Liebesgeschichte aufgehoben sind.

»Denn Liebe ist stark wie der Tod
und Leidenschaft
unwiderstehlich wie das Totenreich.
Ihre Glut ist feurig
und eine Flamme des Herrn,
so daß auch viele Wasser die Liebe nicht auslöschen
und Ströme sie nicht ertränken können.«
(Hoheslied 8,6–7)

Wo Abschnitte der Bibel wörtlich wiedergegeben werden, sind Texte und Formulierungen aus folgenden Übersetzungen übernommen:
Die Bibel nach der Übersetzung Martin Luthers, revidierte Fassung von 1984, Deutsche Bibelgesellschaft Stuttgart,
Einheitsübersetzung der Heiligen Schrift, Katholische Bibelanstalt Stuttgart und Österreichisches Katholisches Bibelwerk Klosterneuburg, 1980.

Hans Frör im Chr. Kaiser Verlag

Ich will von Gott erzählen wie von einem Menschen, den ich liebe
Kaiser Taschenbücher 9
9. Auflage 1990
76 Seiten, kartoniert DM 6,80
ISBN 3-459-01676-0

Spiel und Wechselspiel
Kommunikationsspiele für Gruppen – Material und Methodik
Kaiser Taschenbücher 13
5. Auflage 1987
176 Seiten, kartoniert DM 12,80
ISBN 3-459-01695-7

Spielend bei der Sache
Spiele für Gruppen
Kaiser Taschenbücher 58
10. Auflage 1989
104 Seiten, kartoniert DM 8,80
ISBN 3-459-01803-8

Preisstand: 1.4.1992